Fundamenta Juris Publici

herausgegeben von
Rolf Gröschner, Matthias Jestaedt
und Anna-Bettina Kaiser

12

Armin von Bogdandy/Angelika Siehr/
Patrick Hilbert

Renaissance des Republikanismus

Mohr Siebeck

Armin von Bogdandy, geb. 1960, war von 1997 bis 2002 Professor für Öffentliches Recht an der Goethe-Universität Frankfurt a. M. und ist seit 2002 Direktor am Max-Planck-Institut für ausländisches öffentliches Recht und Völkerrecht in Heidelberg.

Angelika Siehr ist seit 2021 Professorin für Öffentliches Recht, Völkerrecht, Rechtsphilosophie und Bildungsrecht an der Universität Bielefeld.

Patrick Hilbert, geb. 1985, ist seit 2022 Professor für Öffentliches Recht mit Schwerpunkt Verwaltungsrecht an der Universität Münster.

Zitierbeispiel:
Angelika Siehr, Renaissance des Republikanismus. Eine Auseinandersetzung mit den Thesen von Rolf Gröschner und Armin von Bogdandy, in: Armin von Bogdandy / Angelika Siehr / Patrick Hilbert, Renaissance des Republikanismus, Tübingen 2024 (FJP 12), S. 91–160 (109–114).

ISBN 978-3-16-164096-4 / eISBN 978-3-16-164097-1
DOI 10.1628/978-3-16-164097-1
ISSN 2194–8364 / eISSN 2569–3948 (Fundamenta Juris Publici)

Die Deutsche Nationalbibliothek verzeichnet diese Publikation in der Deutschen Nationalbibliographie; detaillierte bibliographische Daten sind im Internet über *https://dnb.dnb.de* abrufbar.

© 2024 Mohr Siebeck Tübingen. www.mohrsiebeck.com

Das Werk einschließlich aller seiner Teile ist urheberrechtlich geschützt. Jede Verwertung außerhalb der engen Grenzen des Urheberrechtsgesetzes ist ohne Zustimmung des Verlags unzulässig und strafbar. Das gilt insbesondere für die Verbreitung, Vervielfältigung, Übersetzung und die Einspeicherung und Verarbeitung in elektronischen Systemen.

Das Buch wurde von Martin Fischer in Tübingen aus der Minion gesetzt, von Laupp & Göbel in Gomaringen auf alterungsbeständiges Werkdruckpapier gedruckt und von der Buchbinderei Nädele in Nehren gebunden.

Vorwort der Herausgeber

Fundamenta Juris Publici (FJP) ist die Schriftenreihe des Gesprächskreises „Grundlagen des Öffentlichen Rechts", der sich 2011 als Sektion der Tagung der Vereinigung der Deutschen Staatsrechtslehrer konstituiert hat. Die grundsätzlich im Jahresrhythmus erscheinenden Bände dokumentieren den in der Sektionssitzung gehaltenen Vortrag und die beiden dazu abgegebenen Kommentare. Der Reihentitel bekräftigt den Anspruch des Kreises, das wissenschaftliche Gespräch auf die „Grundlagen" zu konzentrieren: auf die ideen-, verfassungs- und verwaltungsgeschichtlichen, die rechts-, sozial- und staatsphilosophischen sowie die rechtstheoretischen, -dogmatischen und -soziologischen Fundamente des ius publicum.

Der hier vorliegende Band dokumentiert das 12. „Grundlagen"-Gespräch anlässlich der Bochumer Staatsrechtslehrertagung im Oktober 2023. Das Gespräch war der Frage gewidmet, ob und inwieweit sich sowohl im globalen als auch im europäischen Maßstab Anzeichen für eine Wiederbelebung bzw. Neuausrichtung republikanischen Gedankenguts ausmachen lassen – verbunden mit der Grundlagen-Folgefrage, welcher Stellenwert einer allfälligen Renaissance im juridischen Denken und Vermessen zuzuweisen ist. Das Hauptreferat von Armin von Bogdandy, Heidelberg, kommentierten Angelika Siehr, Bielefeld, und Patrick Hilbert, Münster. Die sich an die

Vorwort der Herausgeber

Vorträge anschließende reiche Diskussion wird allen, die daran teilnehmen durften, in bester Erinnerung bleiben.

Nürnberg, Freiburg i. Br.   Rolf Gröschner
und Berlin, im Mai 2024   Matthias Jestaedt
     Anna-Bettina Kaiser

Nach einem Dutzend Gesprächen 2011–2023, dokumentiert in FJP 1–12, scheidet der Initiator, Mitbegründer und spiritus rector des „Grundlagenkreises", Rolf Gröschner, aus dem Kreise der Koordinatoren aus. Es ist uns nobile officium und drängendes Bedürfnis, Rolf Gröschner für die vielen Jahre seines unermüdlichen Einsatzes für die Grundlagen des Öffentlichen Rechts von Herzen unseren Dank auszusprechen. Die Thematik des vorliegenden Bandes versteht sich als Hommage an das Œuvre des Ausscheidenden.

Freiburg i. Br. und Berlin,   Matthias Jestaedt
im Mai 2024   Anna-Bettina Kaiser

Inhaltsverzeichnis

Vorwort der Herausgeber V

Armin von Bogdandy
Renaissance des Republikanismus 1
  I. These und Programm 1
  II. Theorie 5
    1. Begriff des Republikanismus 5
    2. Gemeinwohl als Solidarität 16
  III. Empirie 21
    1. Spuren 21
    2. Das republikanische Manifest des EU-Vertrags 29
    3. Die Operationalisierung des Manifests 37
    4. Gewaltenteilende Gemeinwohlbestimmung 46
  IV. Einwände 55
    1. Republikanische Selbstbestimmung 56
    2. Republikanische Gesinnung 65
    3. Republikanisches Forum 72
  V. Folgerungen 82

Angelika Siehr
„Renaissance des Republikanismus".
Eine Auseinandersetzung mit den Thesen von
Rolf Gröschner und Armin von Bogdandy 91
  I. Einleitung: Konsens, Dissens und die Wahl der Perspektive
    im weiten Feld des Republikanismus 92
  II. Republikanismus jenseits des Staates: Prämissen
    verschiedener Denkansätze 97
    1. Art. 2 EUV als „republikanisches Manifest"
      (*Armin von Bogdandy*) 97

Inhaltsverzeichnis

      a) Geltung des Republikprinzips jenseits des Staates und Prozesshaftigkeit des europäischen Republikanismus ... 97
      b) Begriffliche Justierung: Republik im Feld demokratischer Verfassungsstaatlichkeit 102
   2. Antike Republiktradition als basales Konstruktionselement (*Rolf Gröschner*) 103
III. Gröschners These vom Vorrang des Republikprinzips vor dem Demokratieprinzip 109
   1. Republikanische Legitimität versus demokratische Legitimation? 109
   2. Menschenrechtsidee und Legitimität: Das Fundament des demokratischen Verfassungsstaats 114
      a) Menschenrechtliche Fundierung des Staates 114
         aa) Staatsbegründende und staatsbegrenzende Funktion der Menschenrechte 114
         bb) Inklusion und Exklusion oder: Wer gehört zu den Freien und Gleichen? 119
      b) Gleichursprünglichkeit von Menschenrechtsidee und Volkssouveränität 121
      c) Hannah Arendt: Von der griechischen Polis zum neuzeitlichen Verfassungsstaat 128
IV. EU-Republikanismus – Differenzierungen und Einwände . 132
   1. Abgrenzung von Republikanismus und demokratischer Verfassungsstaatlichkeit 132
   2. Rechtsstaatliche und demokratische Dimension des Republikprinzips 136
      a) Rechtsstaatliche Traditionslinie des Republikanismus bei Immanuel Kant 137
      b) Qualifikation eines spezifisch republikanischen Demokratieverständnisses 139
   3. Einordnung des EU-Republikanismus: Potential und bürgerschaftlich-republikanische Grenzen 141
V. Das Republikprinzip im Grundgesetz 151
   1. Einwände gegen ein materielles Verständnis des Republikprinzips unter dem Grundgesetz 151
   2. Beispiele für republikanische Interpretationsansätze unter dem Grundgesetz 152
      a) Republikanische Rekonstruktion der Staatsfundamentalnorm des Art. 1 Abs. 1 GG (*Hasso Hofmann*) 152

b) Republikanische Lesart des Prinzips der
　　　 Volkssouveränität 153
　　c) Dualistisches Konzept der Nation: Kultur- und
　　　 Volksnation und republikanische Staatsbürgernation . 156
　　d) Republikanische Rekonstruktion des (urbanen)
　　　 Grundeigentums in öffentlicher Hand 157
VI. Fazit 159

Patrick Hilbert

Republikanismus und Rechtswissenschaft.
Ein Kommentar zu Armin von Bogdandy 161
　I. Der prekäre Mehrwert positiver Republikanismusbegriffe 163
　II. Republikanische Rechtswissenschaft? 167
　　1. Institutionelles Problem 170
　　2. Funktioneller Einwand 172
　　3. Notwendige Differenzierungen 175
　　　a) Engagement in der Praxis 176
　　　b) Wissenschaftliches Publizieren 177
　　　c) Ausbildungstätigkeit 178
　　　d) Engagement als public intellectual 179
　　　e) Fazit 180
　　4. Hegung der Grenze zwischen Politik und Recht 181

Renaissance des Republikanismus

Armin von Bogdandy*

I. These und Programm	1
II. Theorie	5
1. Begriff des Republikanismus	5
2. Gemeinwohl als Solidarität	16
III. Empirie	21
1. Spuren	21
2. Das republikanische Manifest des EU-Vertrag	29
3. Die Operationalisierung des Manifests	37
4. Gewaltenteilende Gemeinwohlbestimmung	46
IV. Einwände	55
1. Republikanische Selbstbestimmung	56
2. Republikanische Gesinnung	65
3. Republikanisches Forum	72
V. Folgerungen	82

I. These und Programm

Das mir aufgegebene Thema, *Renaissance des Republikanismus*, kommt ohne Fragezeichen. Wo aber gibt es im öffentlichen Recht der 2020er Jahre Dynamiken, die ich, eine Person im Mainstream der deutschen Staatsrechtslehre, als eine Renaissance des Republikanismus rekonstruieren möchte? Sicherlich nicht Verfassungsentwick-

---

* Ich danke der Dienstagsrunde, *Aurore Gaillet*, *Alexander Somek* und *Jacques Ziller* für wertvolle Anregungen.

Bildquelle: Andrew Harnik/AP Photo.

lungen wie die im Zugriff des derzeit wohl berühmtesten Republikaners, nämlich Donald Trump, obwohl er unter dem Slogan *Make America Great Again* just eine Renaissance verspricht.

Ich bin nur bereit, im Rahmen von Art. 2 EUV eine Renaissance des Republikanismus festzustellen. Danach gibt es, global betrachtet, derzeit keine Renaissance, sondern eine Krise des Republikanismus.[1] In einem insgesamt trüben Gesamtpanorama sehe ich am ehesten Anhaltspunkte im Recht der europäischen Gesellschaft, insbesondere in ihrem organisierenden Herz, dem Verfassungsrecht der Europäischen Union.

---

[1] Man könnte eher von einer Renaissance der Autoritarismen sprechen, dazu die Beiträge in Helena Alviar García/Günter Frankenberg (Hrsg.), Authoritarian Constitutionalism. Comparative Analysis and Critique, Cheltenham: Edward Elgar Publishing 2019; *V-Dem Institute*, Democracy Report 2023: Defiance in the Face of Autocratization, Göteborg: Universität Göteborg 2023.

So konkretisiere ich das Thema auf eine *europäische* Renaissance des Republikanismus. Meine Forschungsfrage lautet: Wie stellen sich die Grundlagen, Tendenzen und Potentiale des Unionsverfassungsrechts dar, wenn wir sie republikanisch deuten? Mein Gesamtergebnis lautet: vielversprechend. Mehr noch: Wir, also die deutschen Staatsrechtslehrerinnen und -lehrer, können eine Renaissance des Republikanismus sogar befördern, indem wir unsere Forschung am europäischen Verfassungskern ausrichten.[2] Das hat theoretisches, dogmatisches und praktisches Potential und erlaubt, in großen Konflikten der europäischen Gesellschaft wissenschaftsadäquat Position zu beziehen. Als deutsche Sektion der europäischen Rechtswissenschaft können wir einen spezifischen Beitrag leisten, indem wir den bislang dominierenden Fluchtpunkt aufgeben, das Verhältnis Bundesverfassungsgericht – EuGH, und ihn eben durch den europäischen Verfassungskern ersetzen.

Ich entfalte diese These in vier Schritten: Theorie, Empirie, Verteidigung, Konsequenzen. Der erste entwickelt im Horizont gegenwärtiger Theoriedebatten einen erkenntnisträchtigen Republikanismusbegriff (II.). Auf dieser Grundlage unterbreitet und ordnet der zweite Schritt Daten, welche die These stützen: Positionen, Debatten, Rechtsakte und Urteile (III.). Der dritte Schritt vertieft die These, indem er zeigt, dass sie mit scheinbar widerständigen republikanischen Kernforderungen vereinbar ist: republikanische Selbstbestimmung, republikanische Gesinnung und republikanische Öffentlichkeit (IV.). Die

---

[2] Zu dieser Form *Alexander Somek*, Rechtssystem und Republik. Über die politische Funktion des systematischen Rechtsdenkens, Wien, New York: Springer 1992, 236 ff.

Armin von Bogdandy

Jacques-Louis David, Le Serment des Horaces, 1784.
Bildquelle: Larry Siedentop, Democracy in Europe.

abschließenden Folgerungen legen dar, was die These für weitere rechtswissenschaftliche Arbeit bedeutet, gerade auch angesichts konkurrierender Ansätze (V.).

Die These weiß, dass Skepsis sie erwartet. Larry Siedentop hat solcher Skepsis Ausdruck verliehen, indem er sein Buch *Democracy in Europe* in Jacques-Louis Davids *Le Serment des Horaces* kleidete. Diese Darstellung römischer Tugend lässt das Brüsseler Geschacher als dezidiert unrepublikanisch erscheinen.³ Es gilt, diese Spannung zwi-

---

³ *Larry Siedentop*, Democracy in Europe, London: Allen Lane

schen der Normativität Davids und der Faktizität Brüssels konstruktiv zu wenden.

II. Theorie

1. Begriff des Republikanismus

Der Veranstaltungstitel *Renaissance des Republikanismus* ruft nach einem Vortrag, der das geltende Recht sowohl analysiert als auch transzendiert. Denn *Renaissance* meint einen transformativen Prozess.[4] Dies gilt umso mehr, als es um eine Renaissance des *Republikanismus* geht: Cicero etablierte den Begriff *res publica* vor über 2000 Jahren, um die Krise des römischen Staates transformatorisch zu überwinden.[5]

2000. Zwar entstand das Bild im Auftrag von Louis XVI. und gibt ein Ereignis der römischen Monarchie wieder, wurde aber gleichwohl zu einer Ikone des französischen Republikanismus, *Christine Tauber*, Neue Identitäten – neue Genealogien: Jacques-Louis Davids künstlerische Selbstdarstellung nach dem 9. Thermidor 1794, Zeitschrift für Kunstgeschichte 79 (2016), 331–364 (336 f.).

[4] Zu dieser Innovationsstruktur *Jan Assmann*, Das kulturelle Gedächtnis. Schrift, Erinnerung und politische Identität in frühen Hochkulturen, München: C. H. Beck 1999, 3.

[5] *Mortimer N. S. Sellers*, Republican Legal Theory. The History, Constitution and Purposes of Law in a Free State, Houndsmills: Palgrave 2003, 3, 140. Zur Erfolgsgeschichte des Begriffs *Rolf Gröschner*, § 23 Die Republik, in: Josef Isensee / Paul Kirchhof (Hrsg.), Handbuch des Staatsrechts der Bundesrepublik Deutschland. Bd. 2: Verfassungsstaat, 3. Aufl., Heidelberg: C. F. Müller 2004, 369–428, Rn. 13–33; *ders.*, Republik ohne Republikaner?, Frankfurter Allgemeine Zeitung (Frankfurt, 16. November 2023), 6.

Ob solche Ausführungen als Rechtswissenschaft gelten können, ist umstritten.⁶ Ich meine, dass die erforderlichen rechtswissenschaftlichen Methoden bereitstehen und entsprechende Forschung einen genuinen gesellschaftlichen Beitrag leistet.⁷ Das verlangt zunächst einmal einen Republikanismusbegriff, der, wie die meisten Grundbegriffe des öffentlichen Rechts, zum einen analytisches Potential hat, also Grundlagen des geltenden Rechts erschließt, und zum anderen diesen Grundlagen Gehalte entnimmt, welche die rechtliche Faktizität zu transzendieren helfen.

Dabei ist einleitend festzuhalten, dass es hier um *Republikanismus* geht, und nicht um *Republik*. Zu erörtern ist nicht, ob man die heutige Europäische Union als Republik qualifizieren sollte,⁸ so dass ich mich nicht zu Rechtsnatur, Begriff und Wesen der Union äußere. Ebenso wenig geht es um einen Begriff, der alles glatt zieht, sondern vielmehr um einen Begriff, der Positionen, Deutungsschemata und Prozesse in einer verworrenen Lage erschließt.⁹

---

⁶ *Patrick Hilbert*, Republikanismus und Rechtswissenschaft, in diesem Band I, S. 161–181 (167–181).

⁷ Näher *Armin von Bogdandy*, Strukturwandel des öffentlichen Rechts. Entstehung und Demokratisierung der europäischen Gesellschaft, Berlin: Suhrkamp 2022, 21 ff., 458 ff.

⁸ Bejahend *Michael Anderheiden*, Europäische Union – europäische Republik, in: Katharina Gräfin von Schlieffen (Hrsg.), Republik – Rechtsverhältnis – Rechtskultur, Tübingen: Mohr Siebeck 2018, 127–140 (137 f.); *Luuk van Middelaar*, Das europäische Pandämonium. Was die Pandemie über den Zustand der EU enthüllt, Berlin: Suhrkamp 2021, 24; ich war dieser Auffassung unter dem europäischen Verfassungsvertrag: *Armin von Bogdandy*, The Prospect of a European Republic. What European Citizens are Voting for, Common Market Law Review 42 (2005), 913–941.

⁹ Zu dieser Prämisse und ihrer rechtswissenschaftlichen Verarbeitung *Mathias Reimann*, The American Advantage in Global

Worum geht es unter dem Begriff *Republikanismus*? Angesichts einer mehr als 2000-jährigen Begriffsgeschichte und eines Spannungsbogens aktueller Verwendungen, der Donald Trumps MAGA-Republikanismus[10] ebenso umfasst wie kantianische und hegelianische,[11] neogriechische wie neorömische Republikanismen,[12] Rekonstruktionen der chilenischen Verfassungsgeschichte wie Kritiken der Iranischen Republik,[13] dürfte ein gemeinsamer Nenner der diversen Republikanismen für unsere Debatten zu den Grundlagen des öffentlichen Rechts kaum weiterführend sein. Noch weniger sinnvoll wäre, nach dem ‚wahren' Republikanismusbegriff zu suchen: Begriffsarbeit zielt nicht auf Wahrheit, sondern auf Nützlichkeit.[14]

Lawyering, Rabels Zeitschrift für ausländisches und internationales Privatrecht 78 (2014), 1–36.

[10] Dazu *Richard Abel*, The Fate of Liberal Democracy under Donald Trump, Verfassung und Recht in Übersee 55 (2022), 505–527.

[11] *Rainer Forst*, Die noumenale Republik. Kritischer Konstruktivismus nach Kant, Berlin: Suhrkamp 2021; *James Bohman*, Is Hegel a Republican? Pippin, Recognition, and Domination in the Philosophy of Right, Inquiry: An Interdisciplinary Journal of Philosophy 53 (2010), 435–449; *Wolfgang Schild*, Erbmonarch oder Wahlpräsident. Eine Differenz zwischen Hegel und den Hegelschülern Gans und Michelet, in: Pirmin Stekeler-Weithofer/ Benno Zabel (Hrsg.), Philosophie der Republik, Tübingen: Mohr Siebeck 2018, 182–225.

[12] Dazu Beiträge in *Thorsten Thiel/Christian Volk*, Einleitung. Die Aktualität des Republikanismus, in: Thorsten Thiel/Christian Volk (Hrsg.), Die Aktualität des Republikanismus, Baden-Baden: Nomos 2016, 9–16.

[13] *Pablo Ruiz-Tagle*, Five Republics and One Tradition. A History of Constitutionalism in Chile 1810–2020, Cambridge: Cambridge University Press 2021 (mit dem Pinochet-Regime als deren Bruch); *Vahid Nick-Pay*, Republican Islam. Power and Authority in Iran, London: Tauris 2016.

[14] Ich folge *Max Weber*, Die Objektivität sozialwissenschaftlicher

Eine solche Suche überschreitet den Horizont dogmatischer Interpretation: Es handelt sich um Grundlagenforschung im Gespräch mit anderen Fächern, die sich um selbige Begriffe bemühen. Es geht genauer um einen Republikbegriff, der aus der Tradition kommend unseren Debatten zum europäischen öffentlichen Recht nützt. Dafür muss er kompatibel sein mit demokratischer Verfassungsstaatlichkeit und zudem weiterführende Unterscheidungen treffen.

So ist das Verhältnis von Republikanismus und demokratischer Verfassungsstaatlichkeit zu klären, insbesondere das der Begriffe Republik und Demokratie. Die beiden begannen als Antagonisten. Von Aristoteles über Cicero, Machiavelli, Madison bis zu Kant verstanden viele Autoren die Republik, in der mandatierte Amtsträger gewaltenteilig das Gemeinwohl verfolgen, als die legitimste aller Regierungsformen und waren skeptisch gegenüber der Demokratie als Herrschaft der Masse. Dieses Republikverständnis war, so die autoritative Cambridge School zur Ideengeschichte des Republikanismus, seit der frühen Neuzeit in Europa weit verbreitet und kann gar als gemeinsame Verfassungstradition gelten.[15] Erst im 19. Jahrhundert gewann die Demokratie an Legitimität, vor allem als Forderung nach einer egalitären Gesellschaft. Damit setzte der Demokratiebegriff den Republikbegriff unter Druck.

---

und sozialpolitischer Erkenntnis, in ders., Gesammelte Aufsätze zur Wissenschaftslehre, Tübingen: Mohr Siebeck 1922, 208 f.

[15] Vgl. nur *Martin van Gelderen / Quentin Skinner* (Hrsg.), Republicanism. A Shared European Heritage, 2 Bände, Cambridge: Cambridge University Press 2002; ähnlich *Helmut Koenigsberger* (Hrsg.), Republiken und Republikanismus im Europa der frühen Neuzeit, München: Oldenbourg Wissenschaftsverlag 1988.

Erfolgreich, denn es kam im 20. Jahrhundert zu einer weitgehenden Verschmelzung demokratischen und republikanischen Verfassungsdenkens. Große internationale Strahlkraft hatten das Verfassungsrecht der Dritten Französischen und der Weimarer Republik. Das dokumentiert Constantino Mortati, einer der Väter der republikanischen Verfassung Italiens von 1947, der wegweisend den italienischen Republikanismus als Verbindung von Demokratie und Grundrechten unter einer rigiden und gewaltenteilenden Verfassung definiert.[16]

Vergleichbare Entwicklungen in den Vereinigten Staaten wurden zum globalen Standard verfassungsrechtlichen Denkens schlechthin, insbesondere dank der Sozialstaatlichkeit des *new deal* und der demokratische Inklusion der *civil rights revolution*.[17] Deren Maßstäblichkeit zeigt sich etwa darin, dass die Bundesrepublik viele ihrer staatsrechtlichen Talente für teures Geld an führende US-Fakultäten schickt und die dort Geformten dies prominent dokumentieren.[18] Auf dieser Spur ist das Republikverständnis vieler Verfassungsordnungen mit demokratischer Verfassungsstaatlichkeit weitgehend verschmolzen.[19]

---

[16] *Costantino Mortati*, Concetto, limiti, procedimento della revisione costituzionale (1952), in: Costantino Mortati, Raccolta di scritti. Bd. 2: Scritti sulle fonti del diritto e sull'interpretazione, Mailand: Giuffré 1972, 5–41, insb. 20–34.

[17] Ein Versuch einer ‚Versteinerung' bei *Bruce Ackerman,* We the People. The Civil Rights Revolution. Bd. 3, Cambridge, Mass. u.a.: Harvard University Press 2014; vgl. auch *Bruce Ackerman*, The Decline and Fall of the American Republic, Cambridge, Mass. u.a.: Harvard University Press 2010.

[18] *Alexander Somek / Elisabeth Paar*, Europe's Political Constitution, European Law Open 2 (2023), 1–27, § 2, 4.

[19] Vgl. nur *Gröschner* (Fn. 5), Rn. 45; *Antonio Reposo*, La forma

Die Entwicklung ist dort nicht stehen geblieben. Inzwischen hat sich vielmehr das ursprüngliche Verhältnis von Republik- und Demokratiebegriff umgedreht: Heute schnappt ein progressiver Republikanismus an den Fersen etablierter demokratischer Praxen. Dieser Republikanismus steht hinter demokratischer Verfassungsstaatlichkeit, begreift aber deren Praxis als zu technokratisch, zu müde, und fordert mehr Demokratie, insbesondere eine stärkere Involvierung der Bürger, inzwischen auch der Bürgerinnen. Gewichtige Autoren, welche die Entwicklung der Union skeptisch verfolgen, stehen in dieser Theorietradition.[20]

Die wohl erste große Monographie stammt aus dem Jahre 1982 von Claude Nicolet, dem die Renaissance republikanischen Denkens im rationalisierten Parlamentarismus der V. Republik zugeschrieben wird.[21] Später formierte sich in den Vereinigten Staaten ein neuer Republikanismus gegen das geistige Klima der Reaganära,[22] in

---

repubblicana secondo l'Art. 139 della Costituzione, Padua: CEDAM 1972, 83–117.

[20] Einflussreich *Dieter Grimm*, Braucht Europa eine Verfassung?, JuristenZeitung 50 (1995), 581–591; *ders.*, Constitutionalisation without Constitution. A Democracy Problem, in: N.W. Barber / Maria Cahill / Richard Ekins (Hrsg.), The Rise and Fall of the European Constitution, Oxford: Hart 2019, 23–40; *Alexander Somek*, What is Political Union?, German Law Journal 14 (2013), 561–580.

[21] *Claude Nicolet*, L'idée républicaine en France, 1789–1924: Essai d'histoire critique (1982), Paris: Gallimard 1994; das Buch beschreibt seine Rezeption in der Auflage von 1994 auf S. 509 ff.

[22] Vgl. nur die Beiträge von *Frank Michelman, Cass Sunstein, Kathryn Abrams, Derrick Bell* und *Preeta Bansal, Paul Brest, Richard Epstein, Michael A. Fitts, Linda K. Kerber, Jonathan Macey, Jerry Mashaw, H. Jefferson Powell* und *Kathleen Sullivan* im *Special Issue* der vielleicht einflussreichsten rechtswissenschaftlichen Zeitschrift,

Deutschland gegen das der Kanzlerschaft Kohls, in Italien gegen das der sogenannten 2. Republik im Zeichen Berlusconis.[23] In Mittel- und Osteuropa gab es nach dem Fall des Sozialismus verwandte republikanische Bestrebungen, die ebenfalls mehr wollten als nur die Übernahme der westeuropäischen Praxis.[24] Philip Pettit hat die angloamerikanische Diskussion in einer vermittelnden Theorie als Neorepublikanismus rekonstruiert und ist damit zu einer politiktheoretischen Autorität avanciert.[25] Der Ansatz hat auch in der Rechtswissenschaft Anklang gefunden.[26]

Vor diesem Hintergrund halte ich erstens fest, dass für rechtswissenschaftliche Arbeit unter EU-Vertrag und Grundgesetz nur ein Republikanismusbegriff taugt, der mit demokratischer Verfassungsstaatlichkeit kompatibel ist. Dies schließt wohl einen Republikanismus im Sinne der derzeitigen US-amerikanischen Republikaner aus, der

---

dem Yale Law Journal 97 (1988), Bd. 8: *Symposium: The Republican Civic Tradition.*

[23] *Günter Frankenberg*, Die Verfassung der Republik. Autorität und Solidarität in der Zivilgesellschaft, Frankfurt am Main: Suhrkamp 1996; *Maurizio Viroli*, Repubblicanesimo, Rom: Laterza 1999.

[24] *Paul Blokker*, Dissidence, Republicanism, and Democratic Change, East European Politics and Societies and Cultures 25 (2011), 219–243.

[25] Das Schlüsselwerk ist *Philip Pettit*, Republicanism. A Theory of Freedom and Government, Oxford: Clarendon 1997; weiter *Quentin Skinner*, On the Slogans of Republican Political Theory, European Journal of Political Theory 9 (2010), 95–102; dazu *Philipp Hölzing*, Der Republikanismus in der Politischen Theorie und Ideengeschichte, Zeitschrift für Politische Theorie 5 (2014), 11–30.

[26] Sogar als Ansatz zum britischen Verfassungsrecht, *Adam Tomkins*, Our Republican Constitution, Oxford: Hart 2005, insb. 61 ff., 87 ff. Ein neueres Buch deutet diese akademische Konjunktur denn auch als Renaissance des Republikanismus, *Thiel/Volk* (Fn. 12), 9.

sowohl den demokratischen Verwaltungsstaat des *new deal* als auch die demokratische Inklusion der *civil rights revolution* kategorisch zurückdrängen will.[27] Manche sehen diese Stoßrichtung als unvereinbar sogar mit der amerikanischen Tradition des Republikanismus.[28]

Zweitens geht es um einen Republikanismusbegriff, der *enger* ist als demokratische Verfassungsstaatlichkeit. Ein weiterführender Republikanismusbegriff muss im Rahmen des etablierten Verständnisses demokratischer Verfassungsstaatlichkeit nützliche Unterscheidungen treffen und damit unsere Debatten zu den Grundlagen des öffentlichen Rechts voranbringen. Deswegen schlage ich vor, einen europäischen Republikanismus anhand dreier Merkmale von anderen Positionen demokratischer Verfassungsstaatlichkeit zu unterscheiden: erstens unionsbürgerschaftliche Orientierung, zweitens ein anspruchsvolles Gemeinwohlverständnis, gesichert durch eine gewaltengliedernde Ämterordnung, und drittens gesellschaftliche Solidarität. Für nicht weiterbringend halte ich hingegen einen Republikanismusbegriff mit Selbstbestimmung oder ‚non-domination', da er die in Art. 2 EUV und 10 Abs. 1 EUV zum Ausdruck kommenden demokratischen Entscheidung, welche europäische Demokratie ohne ein europäisches Volk oder eine europäische Nation postuliert, nicht fassen kann.[29]

---

[27] Etwa *Philip Hamburger*, Is Administrative Law Unlawful?, Chicago: University of Chicago Press 2014; *Adrian Vermeule*, Common Good Constitutionalism, Medford, Mass.: Polity 2022.

[28] In diesem Sinne selbst ein Redenschreiber von George W. Bush, *David Frum*, Trumpocracy: The Corruption of the American Republic, New York: HarperCollins 2018.

[29] Näher unten IV.1.

Das erste Merkmal des hier vertretenen Republikanismusbegriffs ist somit der bürgerschaftliche Fokus. Das begreift die Union als gemeinsame Angelegenheit freier und gleicher Bürgerinnen und Bürger, versteht sie also als verbunden in *einer* gemeinsamen öffentlichen Sache. Dies grenzt den europäischen Republikanismus von mitgliedstaatszentrierten Verständnissen der Europäischen Union ab, die eine bestenfalls nachgeordnete Rolle für die Unionsbürgerschaft sehen. Solche mitgliedstaatszentrierten Verständnisse entstammen unterschiedlichen Theorien: staatsbezogenen, kommunitaristischen, delegationsrechtlichen, ja selbst republikanischen.[30] Das wohl bekannteste Buch, das den Pettit'schen Republikanismus auf die EU anwendet, vertritt geradezu kategorisch diese mitgliedstaatszentrierte Position.[31]

Dieser bürgerschaftliche Fokus grenzt den Republikanismus weiter von Verständnissen ab, nach denen die Union im Wesentlichen dazu dient, den Entscheidungen ihrer Mitgliedstaaten Grenzen zu setzen, die sich negativ auf die anderen auswirken. Die Union dient danach vor

---

[30] Vgl. *Paul Kirchhof*, Der europäische Staatenverbund, in: Armin von Bogdandy / Jürgen Bast (Hrsg.), Europäisches Verfassungsrecht. Theoretische und dogmatische Grundzüge, Berlin, Heidelberg: Springer 2009, 1009–1043 (1011, 1014 f.); *Joseph H. H. Weiler*, The Crumbling of European Democracy, in: Mark A. Graber / Sanford Levinson / Mark Tushnet (Hrsg.), Constitutional democracy in crisis?, Oxford: Oxford University Press 2018, 629–638; *Frank Schorkopf*, Der Wertekonstitutionalismus der Europäischen Union, JuristenZeitung 75 (2020), 477–485; *Karl Albrecht Schachtschneider*, Res publica res populi. Grundlegung einer Allgemeinen Republiklehre, 1994.
[31] *Richard Bellamy*, A Republican Europe of States: Cosmopolitanism, Intergovernmentalism and Democracy in the EU, Cambridge: Cambridge University Press 2019, 2 f., 10, 13.

allem dazu, schädlichen Nationalismus im Sinne von *negative externalities* abzuwehren.[32] Das ist weit weniger als die Regelung gemeinsamer Interessen gleicher und freier Bürgerinnen und Bürger, um die es im Republikanismus geht. Das grenzt einen europäischen Republikanismus auch von Verständnissen ab, wonach es in der Union vordringlich um die mobile Bevölkerung geht.[33]

Das zweite Merkmal ist ein anspruchsvolles Gemeinwohlverständnis, das mehr verlangt als nur Bedürfnisbefriedigung und Interessenausgleich, mehr als nur eine funktionierende Marktwirtschaft, mehr als nur Freiheitsrechte (dazu näher II.2.), und dieses Mehr mit einem gewaltenteilenden Institutionensystem verfolgt. Der klassische Republikanismus konzipierte dies als Mischverfassung. Modernere Ansätze haben dies zu einer verfassungsrechtlich gestützten Gewaltenteilung und wirksamen *checks and balances* fortentwickelt.

Mit diesem Merkmal erfolgen weitere Unterscheidungen, welche die Lage der europäischen Gesellschaft klären. Es positioniert den hier skizzierten europäischen Republikanismus erstens gegenüber Verfassungsverständnissen, die als illiberale Demokratie die Gewaltenteilung und gesellschaftliche *checks and balances* unter Verweis auf ihr elektorales Mandat aushebeln.[34] Diese sog. il-

---

[32] So der kollisionsrechtliche Ansatz von *Christian Joerges*, Konflikt und Transformation: Essays zur europäischen Rechtspolitik, Baden-Baden: Nomos 2022, 463 ff.

[33] Dazu *Rainer Bauböck*, Why European citizenship? Normative approaches to supranational union, Theoretical Inquiries in Law 8 (2007), 453–488.

[34] Siehe Entschließung des Europäischen Parlaments vom 17. Mai 2017 zur Lage in Ungarn, 2017/2656(RSP), ABl. EU 2018 C 307/75;

liberalen Demokratien unterminieren genau das, was die französische, die italienische, die US-amerikanische Verfassung als die *republikanische* Regierungsform bezeichnen (Art. 89 Constitution française, Art. 139 Costituzione italiana, Art. IV Abs. 4 Constitution of the United States of America).

Zweitens vertieft das Merkmal des Gemeinwohls die Abgrenzung zu mitgliedstaatlichen Verständnissen, welche das europäische Gemeinwohl vor allem aus dem Abgleich mitgliedstaatlicher Interessen verstehen. Das kann einem europäischen Republikanismus nicht genügen, der einen europäischen Mehrwert sucht.

Drittens unterscheidet dieses Merkmal den europäischen Republikanismus von liberalen Ansätzen. Das gilt insbesondere für marktliberale Ansätzen zur europäischen Integration, insoweit diese sich auf private Interessen und Wirtschaftswachstum fokussieren.[35] Ein republikanisches Verständnis verlangt mehr als nur Interessenausgleich und auch mehr als nur materiellen Wohlstand. Der Republikanismus steht weiter gegen liberale Verständnisse von Rechten als dem politischen Prozess vorausliegend und

---

Gábor Halmai, Illiberal Constitutionalism? The Hungarian Constitution in a European Perspective, in: Stefan Kadelbach (Hrsg.), Verfassungskrisen in der Europäischen Union, Baden-Baden: Nomos 2018, 85–104.

[35] *Ernst-Joachim Mestmäcker*, Zur Wirtschaftsverfassung in der Europäischen Union, in: Rolf H. Hasse / Josef Molsberger / Christian Watrin (Hrsg.), Ordnung in Freiheit. Festgabe für Hans Willgerodt zum 70. Geburtstag, Stuttgart: Gustav Fischer Verlag 1994, 263–292; *Peter-Christian Müller-Graff*, § 1 Europäisches Wirtschaftsordnungsrecht: Das System, in: ders. (Hrsg.), Enzyklopädie Europarecht. Bd. 4: Europäisches Binnenmarkt- und Wirtschaftsordnungsrecht, Baden-Baden: Nomos 2021, 53–128.

begreift sie vielmehr als Bedingungen kollektiver Entscheidungen.

Es sei festgehalten, dass diese Dichotomie *liberal – republikanisch* einer angloamerikanischen Debatte aus den 1980er Jahren entstammt, in welche der Republikanismus auf der Seite des Kommunitarismus intervenierte.[36] Diese Dichotomie hat eine ganz andere Logik als die Dichotomie zwischen liberalen und illiberalen Demokratien, die seit den 2010er Jahren gängig geworden ist. Unter dieser Dichotomie erscheinen die meisten akademischen republikanischen Ansätze als liberal (anders als viele politische Parteien, die als *republikanisch* firmieren, etwa die heutige *Republican Party* der USA oder die bundesdeutschen Partei *Die Republikaner*).

2. *Gemeinwohl als Solidarität*

Die Merkmale Bürgerschaft, Gemeinwohl und Gewaltenteilung sind so tief in der republikanischen Tradition angelegt, dass mir spezifische Belege unnötig erscheinen.[37] Anderes gilt für die Spezifizierung des republikanischen Gemeinwohls mit dem Begriff der Solidarität, den ich der französischen Tradition des Republikanismus ent-

---

[36] *Rainer Forst*, Kommunitarismus und Liberalismus – Stationen einer Debatte, in: Axel Honneth (Hrsg.), Kommunitarismus. Eine Debatte über die moralischen Grundlagen moderner Gesellschaften, Frankfurt: Campus 1993, 181–212. Diese Unterscheidung ist auch im juristischen Kontext weiterführend, *Angelika Siehr*, Die Deutschenrechte des Grundgesetzes. Bürgerrechte im Spannungsfeld von Menschenrechtsidee und Staatsmitgliedschaft, Berlin: Duncker und Hublot 2001, S. 271 ff.

[37] Vgl. nur die in den Fußnoten 5 bis 25 zitierten Texte.

nehme.³⁸ Er ermöglicht einen Begriff des europäischen Republikanismus, der in unserer Lage zu besonders nützlichen Unterscheidungen führt.

Die zentrale Figur ist Émile Durkheim, der zentrale Gedanke die organische Solidarität als Schlüssel arbeitsteiliger Gesellschaften. Wegweisend für dessen rechtswissenschaftliche Vermittlung waren im Staats- und Verwaltungsrecht Léon Duguit, im Völkerrecht George Scelle.³⁹ Ein hieran anknüpfender Begriff der Solidarität hat, wie viele Schlüsselbegriffe des Politischen (etwa Legitimität, Vertrauen, Identität, Integration), zwei Dimensionen.

Erstens zielt er als analytischer Begriff darauf, gesellschaftlichen Zusammenhalt zu erklären. Diese Dimension zeigt anschaulich der Text, der die europäische Integration startete. Robert Schuman erklärte am 9. Mai 1950, Europa werde „durch konkrete politische Schritte (*réalisations*) entstehen, die zunächst eine faktische Solidarität (*solidarité de fait*) schaffen." Laut Schuman soll also aus der Vergemeinschaftung der Kohle- und Stahlindustrie öko-

---

³⁸ Die ideengeschichtliche Autorität ist *Claude Nicolet* (Fn. 21); weiter *Serge Audier*, La pensée solidariste. Aux sources du modèle social républicain, Paris: Presses Universitaires de France 2010; Pierre Crétois / Stéphanie Roza (Hrsg.), Le Républicanisme social: une exception française?, Paris: Éditions de la Sorbonne 2014; zur deutschen Rezeption *Hauke Brunkhorst*, Solidarität. Von der Bürgerfreundschaft zur globalen Rechtsgenossenschaft, Frankfurt am Main: Suhrkamp 2002, 15. Ich danke Aurore Gaillet und Jacques Ziller für Orientierung.
³⁹ Zur europäischen Bedeutung *Dieter Grimm*, Solidarität als Rechtsprinzip. Die Rechts- und Staatslehre Léon Duguits in ihrer Zeit, Frankfurt am Main: Athenäum 1973; *Hugo Canihac*, Du solidarisme aux Communautés européennes. Le concept de solidarité dans la pensée de George Scelle, Revue Française d'Histoire des Idées 51 (2020), 195–230.

nomische Interdependenz entstehen, und durch diese Interdependenz (Arbeitsteilung) dann Solidarität *de fait*. Diese Solidarität beruht zunächst einmal auf der Erkenntnis gesellschaftlicher Interdependenz, nicht auf einer moralischen Haltung. Es geht nicht um Altruismus oder sonstiges ‚Gutmenschentum' als normative Grunddisposition.

Andererseits hat dieser Begriff normative Bedeutung, insoweit er Forderungen rechtfertigt, die den gesellschaftlichen Schlüsselmechanismus schützen oder stärken. Er bildet so eine Stütze für die Forderung des Rechtsgehorsams[40] ebenso wie für Forderungen von Umverteilung und staatlichen Leistungen, um gesellschaftlichen Zusammenhalt, ja die Funktionstüchtigkeit arbeitsteiliger Gesellschaften zu gewährleisten. Diese politische Dimension artikulierte zunächst der französische Radikalismus.[41]

Mir scheint dieses Merkmal der Solidarität zweckmäßig, weil es in der Tradition von Schumans Erklärung, also aus der Tiefe der europäischen Integration kommend, die Unterscheidungskraft des Begriffs *Republikanismus* in der europäischen Gesellschaft stärkt. Das Merkmal der Solidarität positioniert die Renaissance des Republikanismus mit Blick auf Umverteilung und gesellschaftlichen Zusammenhalt in der europäischen Gesellschaft, ihren beiden vielleicht kritischsten Themen.

---

[40] Dies war lange die wichtigste unionsrechtliche Dimension *Roland Bieber*, Zur Entwicklung des Rechtsbegriffs der Solidarität in der Europäischen Union: Anmerkungen zur jüngsten Rechtsprechung, Schweizerisches Jahrbuch für Europarecht (2020), 591–605.

[41] *Margaret Kohn*, Radical republicanism and solidarity, European Journal of Political Theory 21 (2022), 25–46; zur globalen Bedeutung des französischen Radikalismus *Roberto Gargarella*, Latin American Constitutionalism, 1810–2010. The Engine Room of the Constitution, Oxford, New York: Oxford University Press 2013.

Man nehme etwa Forderungen nationalistischer Kräfte, Staatsangehörige bei Sozialleistungen zu privilegieren. Ein solcher ‚Wohlfahrtschauvinismus' (‚welfare chauvinism') ist zudem regelmäßig mit tiefer Europaskepsis verbunden.[42] Diese Ausrichtung zunächst skandinavischer Parteien ist zu einem breiteren Trend geworden, in Abkehr von deren vorheriger regelmäßiger Ablehnung des Wohlfahrtsstaats. Das Merkmal europäischer Solidarität führt hier zu einer klaren Positionierung des europäischen Republikanismus.[43]

Weiter verteilt die Union seit 2009 finanzielle Mittel in einer neuen Größenordnung, was eine Grundsatzdebatte auch im prinzipiell integrationsbejahenden Feld ausgelöst hat (näher III.2.). Von besonderer Bedeutung erscheint mir dabei, dass der EuGH in zwei seiner vielleicht wichtigsten Entscheidungen seit *Van Gend en Loos*, in denen es zugleich um Umverteilung und das ultimative Fundament der Union geht, auf die Solidarität des Art. 2 EUV rekurriert.[44] Diese Entscheidungen rufen die Frage auf, ob die Union sich in einer neuen konstitutionalistischen

---

[42] Grundlegend *Jørgen Goul Andersen / Tor Bjørklund*, Structural Changes and New Cleavages: the Progress Parties in Denmark and Norway, Acta Sociologica 33 (1990), 195–217.
[43] *Markus Ketola / Johan Nordensvard*, Reviewing the relationship between social policy and the contemporary populist radical right: welfare chauvinism, welfare nation state and social citizenship, Journal of International and Comparative Social Policy 34 (2018), 172–187; *István Grajczjár / Zsófia Nagy / Antal Örkény*, Types of Solidarity in a Hybrid Regime: The Hungarian Case, Government and Opposition 57 (2022), 610–629.
[44] Die Entscheidungen sind vom selben Tag und fast identisch, EuGH, Urteil v. 16.2.2022, Rs. C-156/21, EU:C:2021:974, Rn. 129 – *Ungarn / Parlament u. Rat;* Urteil v. 16.2.2022, Rs. C-157/21, EU:C: 2022:98, Rn. 147 – *Polen / Parlament u. Rat.*

Phase befindet. Mir scheint, dass der Republikanismus besonders geeignet ist, deren Stoßrichtung auf den Punkt zu bringen.

Für uns deutsche Staatsrechtslehrer und -lehrerinnen ist all dies eine geradezu doppelte Gretchenfrage. Erstens ist europäische Solidarität, anders als europäische Demokratie oder europäische Menschenrechte, unmittelbar mit finanziellen Kosten verbunden.[45] Zweitens bestimmt Böckenfördes Frage nach dem, was eine freiheitliche Verfassungsordnung ermöglicht, den Horizont unserer kollektiven *problematique*.[46]

Ein Anknüpfen an der französischen Tradition liegt für einen europäischen Republikanismus auch deshalb nahe, weil sie den europäischen Republikanismus in diesem so zentralen Punkt von dem US-amerikanischen Verfassungsdenken löst, das den Horizont der meisten angloamerikanischen Republikanismustheorien bestimmt. Der französische Fokus auf Solidarität passt für Kontinentaleuropa, da die soziale Frage elementar für die meisten europäischen Verfassungen des 20. Jahrhunderts ist, anders als für die US-Verfassung selbst in der Interpretation progressiver Verfassungstheorien.[47]

---

[45] Deutschland ist unter den Nettozahlern Platz 1, näher <https://www.bpb.de/kurz-knapp/zahlen-und-fakten/europa/70580/nettozahler-und-nettoempfaenger-in-der-eu/>, letzter Zugriff 15.04.2024.

[46] *Ernst-Wolfgang Böckenförde*, Die Entstehung des Staates als Vorgang der Säkularisation, in: Säkularisation und Utopie. Ebracher Studien. Ernst Forsthoff zum 65. Geburtstag, Stuttgart, Berlin u.a.: Kohlhammer 1967, 75–94 (93); dazu republikanisch *Nicolet* (Fn. 21), 325 ff., 387 ff.

[47] *Maurizio Fioravanti*, Costituzionalismo. La storia, le teorie, i testi, Rom: Carocci 2018, 75–79; vgl. nur die Beiträge im einschlägigen *Special Issue* des Yale Law Journal (Fn. 22).

Letzterer geht es um Rechte, politische Beteiligung und Fairness, aber eben nicht um die soziale Frage als eine Verfassungsfrage. Solidarität kommt in Pettits Schlüsselwerk nur beiläufig vor,[48] und Bellamys Republikanismus sieht keine Grundlage für EU-weite Umverteilung.[49] Die angloamerikanischen politischen, sozialen und weltanschaulichen Kontexte sind eben andere als diejenigen der kontinentaleuropäischen Theorieproduktion. Das sollte letztere stärker reflektieren, soweit sie zur europäischen Gesellschaft sprechen will.

III. Empirie

1. Spuren

Auf den ersten Blick gibt es nur wenig Evidenz für einen europäischen Republikanismus. Nur wenige Autoren vertreten ihn als theoretischen Ansatz zur europäischen Integration.[50] In Deutschland wirbt die Politikwissenschaftlerin Ulrike Guérot öffentlichkeitswirksam für die

---

[48] Pettit weist in dem späteren *Philip Pettit*, On the People's Terms. A Republican Theory and Model of Democracy, Cambridge: Cambridge University Press 2012, der sozialen Gerechtigkeit zwar Bedeutung zu, aber nie im staatlichen Kontext; vgl. weiter *Philip Pettit*, Just Freedom. A Moral Compass for a Complex World, New York: W. W. Norton 2014. Auch bei *Thorsten Thiel*, Republikanismus und die Europäische Union. Eine Neubestimmung des Diskurses um die Legitimität europäischen Regierens, Baden-Baden: Nomos 2012, spielt europäische Solidarität keine nennenswerte Rolle.

[49] *Bellamy* (Fn. 31), 129 f., 154–164.

[50] Eine Bestandsaufnahme bei *Thiel* (Fn. 48), 217 ff. Vgl. weiter die Nachweise in Fn. 8.

revolutionäre Gründung einer europäischen Republik.[51] Kostas A. Lavdas und Dimitris N. Chryssochoou konzipieren die bereits bestehende Union als *res publica composita*,[52] und Thorsten Thiel rekonstruiert sie detailliert entlang Philip Pettits und Hannah Arendts Republikanismustheorien. Im rechtswissenschaftlichen Schrifttum hat Anna Kocharovs Analyse der Vollpolitisierung der EU als *Republican Europe* ein größeres Echo ausgelöst,[53] Elias Deutscher hat mit Pettit ordoliberale Einsichten bestätigt, Lieneke Slingenberg mit ihm einige Entscheidungen des EGMR analysiert.[54] Es gibt danach also einige Stimmen, aber keine größere Debatte.

Auf den zweiten Blick stellt sich die Lage schon anders dar. Er erschließt sich von der italienischen Gefängnisinsel Ventotene. Dort erstellten 1941 der Linke Altiero Spinelli und der Liberale Ernesto Rossi gemeinsam ein Manifest, das postfaschistische Europa föderal und republikanisch zu entwickeln.[55] Dies wandelt auf den Spuren der *federa-*

---

[51] *Ulrike Guérot*, Warum Europa eine Republik werden muss! Eine politische Utopie, Bonn: Dietz 2016.

[52] *Kostas A. Lavdas / Dimitris N. Chryssochoou*, Republican Europe in a Liberal Milieu, New York: NYU Law School 2009.

[53] *Anna Kocharov*, Republican Europe, London: Bloomsbury Publishing 2017.

[54] *Elias Deutscher*, The competition-democracy nexus unpacked – competition law, republican liberty and democracy, Yearbook of European law 41 (2022), 197–251; *Lieneke Slingenberg*, The Right Not to be Dominated: The Case Law of the European Court of Human Rights on Migrants' Destitution, Human Rights Law Review 19 (2019), 291–314.

[55] *Altiero Spinelli / Ernesto Rossi*, Per un'Europa libera e unita. Progetto di un manifesto, in: Altiero Spinelli / Ernesto Rossi (Hrsg.), Il Manifesto di Ventotene, Neapel: Guida 1982, 9–30 (22 ff.); bisweilen wird Eugenio Colorni als weiterer Autor genannt. Zu dem Programm

list papers, Kants und entsprechend gesinnter politischer Kräfte, welche seit 1848 europäische Verfassungsentwicklungen eben föderal und republikanisch prägen wollen.

In vielen Analysen der europäischen Integration taucht dieses Manifest allerdings als leicht spleenige Initiative auf, deren Abwegigkeit etwa das Scheitern einer Unionsverfassung im Vertrag zur Gründung der Europäischen Union von 1984 oder des Verfassungsvertrags von 2004 dokumentiere.[56] Ich sehe hingegen eine Linie zum heutigen europäischen Verfassungskern. Denn die meisten *föderalen* Positionen, welche eine demokratische und solidarische Union konzipieren, haben eine *republikanische* Orientierung.[57] Es ist ein Föderalismus, der republikanische Gemeinwesen in einem gemeinsamen republikanischen

---

Norberto Bobbio, Il federalismo nel dibattito politico e culturale della resistenza, in: Altiero Spinelli / Ernesto Rossi (Hrsg.), Il Manifesto di Ventotene, Neapel: Guida 1982, 149–168. Zum Einfluss die Beiträge in Lucio Levi (Hrsg.), Altiero Spinelli and Federalism in Europe and in the World, Mailand: Angeli 1990; *Frank Schorkopf*, Die unentschiedene Macht. Verfassungsgeschichte der Europäischen Union 1948–2007, Göttingen: Vandehoeck 2023, 167 f.

[56] *Giandomenico Majone*, Dilemmas of European Integration: The Ambiguities and Pitfalls of Integration by Stealth, Oxford: Oxford University Press 2005, 32–33; *Cecilia Valente / Carola D'Alessandro / David Ramiro Troitiño*, Altiero Spinelli: Federalism in the European Integration, in: David Ramiro Troitiño / Ricardo Martín de la Guardia / Guillermo A. Pérez Sánchez (Hrsg.), The European Union and its Political Leaders: Understanding the Integration Process, Cham: Springer 2022, 141–158 (150–151).

[57] Vgl. nur *Koen Lenaerts / Stanislas Adam*, La solidarité, valeur commune aux états membres et principe fédératif de l'Union européenne, Cahiers de droit européen 57 (2021), 307–417 (314 f.); vgl. auch *Christoph Möllers*, Die Europäische Union als demokratische Föderation, Köln: Fritz Thyssen Stiftung 2019; *Robert Schütze*, From Dual to Cooperative Federalism: The Changing Structure of European Law, Oxford: Oxford University Press 2009.

Gemeinwesen verbindet. Ein solcher Föderalismus findet sich etwa beim italienischen Sozialisten Giuliano Amato, dem französischen Liberalen Valéry Giscard d'Estaing, Gründer der Partei *Républicains indépendants*, und dem belgischen Christsozialen Jean-Luc Dehaene, die als Präsidium des Verfassungskonvents Art. 2 EUV verfassten.[58]

Amatos Verständnis der Integrationsgeschichte lautet *Constructing Utopia*.[59] Auf dieser Spur verstehen sich Macrons Sorbonner Rede von 2017[60] ebenso wie die Passage im geltenden Koalitionsvertrag, die auf einen europäischen Bundesstaat zielt.[61] Gleiches gilt für die Forderun-

---

[58] Zum Prozess *Alain Pilette / Etienne de Poncis*, Valeurs, objectives et nature de l'Union, in: Giuliano Amato / Hervé Bribosia / Bruno de Witte (Hrsg.), Genèse et destinée de la constitution européenne. Commentaire du Traité établissant une Constitution pour l'Europe à la lumière des travaux préparatoires et perspectives d'avenir, Brüssel: Bruylant 2007, 287–310 (299 f.); *Clemens Ladenburger / Pierre Rabourdin*, La constitutionnalisation des valeurs de l'Union. Commentaires sur la genèse des articles 2 et 7 du traité sur l'Union européenne, Revue de l'Union Européenne (2022), 231–239 (239).

[59] *Giuliano Amato / Enzo Moavero-Milanesi / Gianfranco Pasquino / Lucrezia Reichlin*, Introduction, in: Giuliano Amato / Enzo Moavero-Milanesi / Gianfranco Pasquino / Lucrezia Reichlin (Hrsg.), The History of the European Union. Constructing Utopia, London: Hart 2019, 1–3.

[60] *Emmanuel Macron*, „Initiative pour l'Europe – Discours pour une Europe souveraine, unie, démocratique", v. 26.09.2017; *Jean-Paul Jacqué*, „Deux discours, une vision?", in: Revue trimestrielle de droit européen 53 (2017), 629–632 (629); *Catherine Vieilledent*, „Deux voix pour l'Europe. Pour une relance de l'Union européenne", in: Futuribles 423 (2018), 5–15 (7); *W. Tom Eijsbouts, Jan-Herman Reestman*, „European Sovereignty", in: European Constitutional Law Review 14 (2018), 1–6.

[61] Sozialdemokratische Partei Deutschlands / Bündnis 90 / Die Grünen / Freie Demokratische Partei (Hrsg.), Mehr Fortschritt wagen, Koalitionsvertrag 2021–2025, 2021104.

gen der Konferenz über die Zukunft Europas nach mehr europäischer Solidarität, mehr europäischer Bürgerbeteiligung, mehr gemeinsamer Entscheidungsfindung.[62]

Nun mag man einwenden, dass solche republikanischen Föderalisten vielleicht eine wichtige, aber doch keine dominierende Kraft in der europäischen Gesellschaft sind. Selbst in ihrem jeweiligen weltanschaulichen Lager finden sich Personen, die mitgliedstaatszentriert denken. Das ist richtig, aber die republikanischen Ideen haben Zugkraft über den Kreis der europäischen Föderalisten hinaus. Das zeigen die Feierlichkeiten zur Unterzeichnung des Verfassungsvertrages am 29. Oktober 2004. Nach dem Akt versammelten sich die Unterzeichner zu dem Gruppen-

---

[62] Konferenz über die Zukunft Europas, Bericht über das Endergebnis, Brüssel: 2022, https://futureu.europa.eu/de/pages/reporting?locale=de, letzter Zugriff 27.02.2023; zu dieser republikanischen Übung *Frank Schimmelfennig*, The Conference on the Future of Europe and EU Reform: Limits of Differentiated Integration, European Papers 5 (2020), 989–998 (insb. 989–991); *Federico Fabbrini*, The Conference on the Future of Europe: Process and prospects, European Law Journal 26 (2020), 401–414 (insb. 410–413); *Alberto Alemanno*, Unboxing the Conference on the Future of Europe and its democratic raison d'être, European Law Journal 26 (2020), 484–508; *Jean-Paul Jacqué*, The European parliament's institutional proposals following the conference on the future of Europe: Much ado about nothing?, Common Market Law Review 59 (2022), 129–142; Editorial Comments: From Conference to Convention? Ideas and Prospects for Reform of the EU Treaties, Common Market Law Review 59 (2022), 1583–1596; *Matej Avbelj*, What Future for EU Constitutionalism?, in: Matej Avbelj (Hrsg.), The Future of EU Constitutionalism, Oxford: Hart Publishing 2023, 1–12 (Fn. 62); *İrfan Kaya Ülger*, The Conference on the Future of Europe: A New Beginning or an Endless Crisis Management?, in: Altuğ Günar / Didem Saygın (Hrsg.), The European Union in the Twenty-First Century, Bingley: Emerald Publishing Limited 2023, 3–14 (insb. 9–14).

Feierlichkeiten zur Unterzeichnung des Verfassungsvertrages am 29. Oktober 2004. https://www.europarl.europa.eu/about-parliament/en/in-the-past/the-parliament-and-the-treaties/draft-treaty-establishing-a-constitution-for-europe

foto, das in künftigen Geschichtsbüchern vom Akt der Neugründung zeugen und ihn deuten sollte. So prangt über ihren Köpfen die Formel „Europaeae rei publicae status". Sie erlaubt diverse Übersetzungen, etwa „Der Zustand des europäischen Staates". Naheliegender aber ist: „Die Verfassung der europäischen Republik".[63]

Der Verfassungsvertrag ist 2005 bekanntlich gescheitert, aber nicht sein republikanisches Projekt. Das zeigt

---

[63] <https://www.europarl.europa.eu/about-parliament/de/in-the-past/the-parliament-and-the-treaties/draft-treaty-establishing-a-constitution-for-europe>, letzter Zugriff 15.04.2024. Zur Präsenz des Republikbegriffs zu jener Zeit: *Florence Chaltiel*, Une Constitution pour l'Europe. An I de la République Européenne, Revue du marché commun et de l'Union européenne 471 (2003), 493–502; *Johannes Voggenhuber*, Die Einheit Europas, CONV 499/02, 4 und 6.

Gottlieb Schick, Heinrike Dannecker, 1802. https://www.hatjecantz.de/products/15726-blicke-auf-europa?_pos=1&_psq=Blicke+auf+Eur&_ss=e&_v=1.0, letzter Zugriff 15.04.2024.

der Umschlag des Ausstellungskatalogs „Blicke auf Europa" von 2007.[64]

Der Umschlag zeigt ein Gemälde Gottlieb Schicks aus dem Jahre 1802: Wir sehen eine selbstbewusste und ikonisch deutsche Frau, gekleidet in den Farben und mit den Symbolen der französischen Republik. Das versteht sich als Versinnbildlichung von Kants Programmatik euro-

---

[64] *Ulrich Bischoff/Wolfgang Cortjaens/Anna Greve*, Blicke auf Europa. Europa und die deutsche Malerei des 19. Jahrhunderts, Berlin: Hatje Cantz 2007.

päischer republikanischer Ordnung.⁶⁵ Der Umschlag legt somit nahe, dass es unterschiedliche ‚Blicke auf Europa' gibt, dass aber auch 2007, also nach dem Scheitern des Verfassungsvertrags, kantischer Republikanismus weiterhin der relevanteste Blick ist.⁶⁶ Diese Aussage ist umso bedeutender, als die deutsche Bundeskanzlerin Schirmherrin der Ausstellung war.

Diese Bundeskanzlerin hat im Rahmen der deutschen Ratspräsidentschaft just im ersten Halbjahr 2007 den Lissabonner Vertrag ausverhandelt, der die rechtliche Substanz des gescheiterten Verfassungsvertrages weitestgehend aufgenommen hat.⁶⁷ Das gilt gerade auch für Art. 2 EUV. Diese Übernahme spiegelt einen demokratisch wichtigen Punkt, der oft vergessen wird: Der Verfassungsvertrag ist in der europäischen Gesellschaft auf große Zustimmung gestoßen. Als die Mitgliedstaaten den

---

⁶⁵ Zur Bedeutung *Jürgen Habermas*, Kants Idee des Ewigen Friedens – aus dem historischen Abstand von 200 Jahren, Kritische Justiz 28 (1995), 293–319. Auf dieser Spur weiterführend *Robert Schütze*, Models of Demoicracy: Some Preliminary Thoughts, Florence: EUI Working Paper Law 2020/08, 36–44.

⁶⁶ Das Spektrum, das *Immanuel Kant* aufmacht, ist breit, vgl. einerseits Über den Gemeinspruch: Das mag in der Theorie richtig sein, taugt aber nicht für die Praxis (1793), andererseits Zum Ewigen Frieden: Ein philosophischer Entwurf (1796). Beide Texte mit einer Einleitung herausgegeben von Heiner F. Klemme, Hamburg: Meiner 1992.

⁶⁷ Vgl. nur *Martin Nettesheim* Kommentar Art. 1 EUV, in: Eberhard Grabitz / Meinhard Hilf / Martin Nettesheim (Hrsg.), Das Recht der EU, München: C. H. Beck 2023, Rn. 75 ff. Näher zu diesem Punkt *Armin von Bogdandy / Jürgen Bast*, Kerngehalte und Systematik des Verfassungsrechts der europäischen Gesellschaft, in: Jürgen Bast / Armin von Bogdandy (Hrsg.), Unionsverfassungsrecht. Eine Neubestimmung anhand der Grundlagen in Artikel 1 bis 19 EU-Vertrag, Baden-Baden: Nomos 2024, in Vorbereitung.

Ratifikationsprozess wegen des französischen und des niederländischen Neins stoppten, erfolgte das gegen das belgische, estnische, griechische, italienische, lettische, litauische, luxemburgische, maltesische, österreichische, rumänische, slowakische, slowenische, spanische, ungarische und zypriotische Ja. Auch Bundestag und Bundesrat hatten bereits für die Ratifikation gestimmt. Insofern kann nicht behauptet werden, dass „die Europäer" den Verfassungsvertrag rundum zurückgewiesen hätten. Im Gegenteil: Die große Mehrheit war dafür.[68]

Entsprechend legitim ist die Übernahme des republikanischen Manifests des Verfassungsvertrags in den Vertrag von Lissabon. Das Weißbuch der Kommission von 2017 über die Zukunft Europas nennt denn auch das Manifest von Ventotene als den maßgeblichen Orientierungspunkt für den europäischen Weg.[69] Wenngleich die exklusive Nennung eine ideologische Dimension aufweist (V.), so sie ist doch mehr als nur Propaganda.

2. Das republikanische Manifest des EU-Vertrag

Das zeigen die positivrechtlichen Daten, welche die Leitthese einer europäischen Renaissance des Republikanis-

---

[68] Für die gegenteilige Auffassung *Peter M. Huber*, Der Gerichtshof der Europäischen Union und das Bundesverfassungsgericht als Hüter der unionalen Kompetenzordnung, Berlin: Duncker & Humblot 2023, 2, wonach der Vertrag: „ohne größere politische Debatte und ohne substantielle Beteiligung der Bürgerinnen und Bürger" in Kraft gesetzt wurde, was eine fast 10-jährige Debatte ebenso übersieht wie die repräsentative Funktion der ratifizierenden Parlamente.
[69] Europäische Kommission, Weißbuch zur Zukunft Europas. Die EU der 27 im Jahr 2025 – Überlegungen und Szenarien (2017), 6.

mus validieren. Wir beginnen mit einem Normvergleich: 1957 zielte die Integration laut Art. 2 EWG-Vertrag auf die Errichtung eines gemeinsamen Marktes, die Annäherung der nationalen Wirtschaftspolitik, eine harmonische Entwicklung des Wirtschaftslebens, eine beständige und ausgewogene Wirtschaftsausweitung, größere Stabilität, eine beschleunigte Hebung der Lebenshaltung und engere Beziehungen zwischen den Mitgliedstaaten. Nicht ein Wort davon findet sich in Art. 2 EUV des Lissabonner Vertrags von 2007. Er spricht von Pluralismus, Nichtdiskriminierung, Toleranz, Gerechtigkeit, Solidarität und der Gleichheit von Frauen und Männern, von Menschenwürde, Freiheit, Demokratie, Gleichheit, Rechtsstaatlichkeit und der Wahrung der Menschenrechte einschließlich der Rechte der Personen, die Minderheiten angehören.

Der Vergleich ergibt einen kategorialen Wandel. Selbst ein Skeptiker wird zugeben, dass diese zwölf Prinzipien als republikanisches Manifest taugen und ihre Positivierung, Operationalisierung und Institutionalisierung sich als eine Renaissance des Republikanismus deuten lassen. Art. 2 EUV zeugt von der Transformation eines administrativen Zweckverbands[70] zu einem politischen Gemeinwesen unter verfassungsrechtlichen Prinzipien, die der republikanischen Tradition wichtig sind. Das, worum es Art. 2 EWGV ging, gilt weiterhin (Art. 3 Abs. 3 EUV), nunmehr aber dem europäischen Verfassungskern dienend.

---

[70] Zu Leistungskraft und Problemen dieses Begriffs *Wolfgang Kahl / Paul Hüther*, Der „Zweckverband funktioneller Integration" nach Hans Peter Ipsen – Ein Beitrag zur Begriffsgeschichte und zur Finalitätsdebatte in der Europawissenschaft, Berlin: Duncker & Humblot 2023.

Die republikanische Dynamik bestätigt ein Vergleich mit der Vorgängernorm des Art. 2 EUV im Amsterdamer Vertrag von 1997. Diese war noch stärker vom angloamerikanischen Liberalismus geprägt, sprach sie doch von *liberty* statt von *freedom*, vor allem aber schwieg sie zur Solidarität. Und wenn man Grundrechtsverständnisse zwischen dem negativen individualistischen Freiheitsverständnis des Liberalismus und dem positiven intersubjektiven Freiheitsverständnis des Republikanismus anordnet, so sind die Unionsgrundrechte heute, nach 50 Jahren Entwicklung, in dessen Feld zu verorten.[71]

Es bestärkt die republikanische Deutung der Verträge, dass Art. 2 EUV eine europäische Gesellschaft postuliert, die zweite große Innovation des Art. 2 EUV.[72] Um diesen Punkt zu verstehen, ist an eine Prämisse des modernen politischen Denkens, also auch eine Grundlage des öffentlichen Rechts, zu erinnern: Es braucht einen Kollektivsin-

---

[71] Vgl. die Übersicht in *Mark Dawson*, The Governance of EU Fundamental Rights, Cambridge: Cambridge University Press 2017, 22–25. Zu den kulturellen Wurzeln des Ansatzes der EU, vgl. *Charles Leben*, Is There a European Approach to Human Rights?, in: Philip Alston (Hrsg.), The EU and Human Rights, Oxford: Oxford University Press 1999, 69–98 (97).

[72] Näher *Stelio Mangiameli*, Article 2, in: Hermann-Josef Blanke / Stelio Mangiameli (Hrsg.), The Treaty on European Union (TEU): A Commentary, Berlin: Springer 2013, Rn. 5 f., 35–41; *Loïc Azoulai*, The Law of European Society, Common Market Law Review 59, Special Issue (2022), 203–214; *Alexander Heger / Raven Kirchner*, Die Europäische Union auf dem Weg in eine europäische *digitalisierte* Gesellschaft, in: Raven Kirchner / Alexander Heger / Rainer Hofmann / Stefan Kadelbach (Hrsg.), Digitalisierung im Recht der EU, Baden-Baden: Nomos 2023, 19–135 (20 ff.). Zum soziologischen Forschungsstand übersichtlich *Stefanie Börner / Sören Carlson*, Europasoziologie, Baden-Baden: Nomos 2023.

gular als Abschlussfigur: Staat, Volk, Nation, verfassunggebende Gewalt, Öffentlichkeit oder eben Gesellschaft.[73]

Dieses Bedürfnis nach einem Kollektivsingular erklärt 200 Jahre rechtsphilosophischer, politiktheoretischer und verfassungsrechtlicher Debatten um diese Begriffe.[74] Die Entwicklung des Unionsverfassungsrechts zeichnete sich nun über Jahrzehnte dadurch aus, dass es keiner dieser Begriffe (Staat, Nation, Volk) in die Verträge oder zumindest zu einem allgemein akzeptierten Begriff schaffte, obwohl durchaus prominent unterbreitet.[75] Stattdessen behalf man sich mit konzeptionell eher anspruchslosen Substituten: Rechtsgemeinschaft, Mehrebenensystem, Verbund. So fehlte der Union und ihrem Recht lange Zeit der Bezug auf einen starken Kollektivsingular, was zum Eindruck der Haltlosigkeit ihres Unionsverfassungsrechts beitrug. Europäisches Verfassungsdenken tut sich eben schwer ohne einen solchen Singular.

Das republikanische Manifest des Art. 2 EUV bietet nun seit 2009 mit *Gesellschaft* einen Kollektivsingular an, dessen Bedeutung Begriffen wie Volk, Staat, Nation und verfassungsgebende Gewalt in nichts nachsteht. Ein wichtiger

---

[73] *Albrecht Koschorke*, Hegel und wir, Berlin: Suhrkamp 2015, 82–92.

[74] Zu Bedeutung wie Schwierigkeiten solcher Begriffe plastisch *Christoph Möllers*, Staat als Argument, Tübingen: Mohr Siebeck 2011.

[75] *M. Rainer Lepsius*, Europa nach dem Ende zweier Diktaturen, in: Bernhard Schäfers (Hrsg.), Lebensverhältnisse und soziale Konflikte im neuen Europa: Verhandlungen des 26. Deutschen Soziologentages in Düsseldorf 1992, Frankfurt a. M.: Campus 1993, 33–44 (40) (Volk der EU); *Jean Monnet*, Les États-Unis d'Europe ont commencé. La communauté européenne du charbon et de l'acier. Discours et allocutions 1952–1954, Paris: Robert Laffont 1955; *Richard Coudenhove-Kalergi*, Die europäische Nation, Stuttgart: Deutsche Verl.-Anst. 1953.

Unterschied besteht allerdings darin, dass das nationalstaatszentrierte Verfassungsdenken ihn nicht als Zentralkategorie beansprucht, anders als Volk, Staat, Nation und verfassungsgebende Gewalt.[76] So erscheint *Gesellschaft* in Art. 2 EUV als ein kreativer Kompromiss zwischen den integrationspolitischen Lagern: Zum einen stellt er dem europäischen Verfassungsdenken einen Kollektivsingular zur Verfügung, zum anderen tastet er die Schlüsselbegrifflichkeit des mitgliedstaatszentrierten Lagers nicht an.

Gesellschaft ist ein Kollektivsingular, den gerade die republikanische Tradition gern benutzt. So nutzt eines der wichtigsten Dokumente des europäischen Konstitutionalismus *Gesellschaft* mit einer klaren republikanischen Stoßrichtung. Art. 16 der Erklärung der Rechte des Menschen und des Bürgers von 1789 lautet: „Eine Gesellschaft, in der die Verbürgung der Rechte nicht gesichert und die Gewaltenteilung nicht festgelegt ist, hat keine Verfassung." In dieser Tradition zielt das Manifest von Ventotene auf eine *riforma della società*,[77] die nur eine Reform der europäischen Gesellschaft sein kann.

Was 1941 eine politische Projektion war, ist heute eine verfassungsrechtliche Aussage. Art. 2 EUV trifft erstens eine Feststellung: Es gibt eine europäische Gesellschaft,

---

[76] Zur entsprechenden Suchbewegung in Deutschland *Paul Vogel*, Hegels Gesellschaftsbegriff und seine geschichtliche Fortbildung durch Lorenz von Stein, Marx, Engels und Lassalle, Berlin: Pan-Verlag 1925; *Marcus Llanque*, Die Transformation sozialer Wirklichkeit in Recht bei Georg Jellinek und ihr Einfluss auf Martin Draths Neukonzipierung der Staatslehre als Gesellschaftslehre, in: Michael Henkel/Oliver Lembcke (Hrsg.), Moderne Staatswissenschaft. Beiträge zu Leben und Werk Martin Draths, Berlin: Duncker & Humblot 2009, 225–240.
[77] *Spinelli/Rossi* (Fn. 55), 38 ff.

die sich durch zwölf Verfassungsprinzipien auszeichnet. Diese europäische Gesellschaft ist weit mehr als die europäische Zivilgesellschaft, von der Art. 11 Abs. 2 EUV spricht. Zivilgesellschaft meint die Sphäre privaten Engagements für das öffentlichen Wohl. Der Begriff der Gesellschaft, den Art. 2 EUV verwendet, bezeichnet hingegen eine soziale Totalität, deren politische Institutionen diejenigen der Europäischen Union und aller Mitgliedstaaten sind. Diese Gesellschaft des Art. 2 EUV ist nicht das Gegenüber der politischen Organisation, sondern umschließt sie. Sie bildet das soziale Pendant der europäischen (sic!) Union, von der Art. 1 Abs. 2 EUV spricht: dem Verbund aus EU-Institutionen und mitgliedstaatlichen Institutionen.[78] Deshalb bleibt es mit diesem Begriff der europäischen Gesellschaft weiterhin sinnvoll, von nationalen Gesellschaften zu sprechen. Dies ergibt sich bereits aus Art. 1 Abs. 2 EUV, wonach der Vertrag eine immer engere Union der *Völker* Europas voranbringt, was nationale Gesellschaften impliziert.

Der Begriff der Gesellschaft in Art. 2 EUV bestärkt dessen Deutung als republikanisches Manifest. Er erfüllt nämlich die identische Funktion wie Staat, Nation, Volk und Gesellschaft als Abschlussfigur, aber er vermittelt dem auf ihn bezugnehmenden Denken eine andere, nämlich republikanische Stoßrichtung. Je nachdem, ob man Ver-

---

[78] Die in Art. 1 Abs. 2 EUV angesprochene „Union" (engl. *union,* niederländisch *verbond*) hat eine viel weitere Bedeutung als die Union des Art. 1 Abs. 1 EUV (engl. *Union,* niederländisch *Unie*). Diese Bedeutung von Union erinnert an den Gesamtstaat, der das Ganze aus Bund und Ländern artikuliert. Föderale Verbände, seien sie unitarisch oder pluralistisch, brauchen eine Begrifflichkeit für das Ganze, näher *von Bogdandy* (Fn. 7), 62 ff.

fassungsrecht staatszentriert, volkszentriert oder gesellschaftszentriert rekonstruiert, kommt man zu anderen Ergebnissen. Der Gesellschaftsbegriff fasst die soziale Totalität tendenziell heterogener als Volk oder Nation. Und er setzt eher bei den interagierenden Individuen an, während man unter dem Begriff *Staat* eher von den Institutionen öffentlicher Gewalt ausgeht.

Der Begriff der europäischen Gesellschaft eröffnet dem Verständnis der europäischen Integration neue Dimensionen im Sinne republikanischer Gleichheit. Er legt eine gesamtgesellschaftliche Perspektive nahe (Art. 17 Abs. 1 S. 1 EUV). Der Begriff legt weiter nahe, dass die meisten heutigen Herausforderungen nicht mehr mitgliedstaatsspezifisch sind, sondern Bürgerinnen und Bürger unterschiedlicher Mitgliedstaaten als Mitglieder *einer* Gesellschaft betreffen. Ein solches alternatives *Framen* unter dem Begriff der europäischen Gesellschaft wandelt das Verständnis der Konflikte, welche die Europäische Union beschäftigen: Es handelt sich eben nicht mehr nur um Konflikte *zwischen* Mitgliedstaaten, sondern gerade auch um Konflikte *in* einer Gesellschaft.

So greift es zu kurz, den Konflikt über eine unionale Fiskalpolitik nur als einen zwischen verantwortungsbewussten (oder geizigen) Mitgliedstaaten im Norden und keynesianischen (oder finanziell unverantwortlichen) im Süden, den Konflikt um die Zuwanderung nur als einen zwischen den Mitgliedstaaten an den Außengrenzen und denen im Innern, den Konflikt um demokratische Rechtsstaatlichkeit nur als einen Konflikt zwischen liberalen westlichen Mitgliedstaaten und illiberalen östlichen zu deuten. Stets sind es auch Konflikte zwischen unterschiedlichen politischen und weltanschaulichen Lagern, die in fast allen Mitgliedstaaten sogar einen parteipolitischen und parlamentarischen Ausdruck haben. Eine nur mitgliedstaatszentrierte Kodierung der Konflikte verstellt deren angemessenes Verständnis und verfehlt die republikanische Idee der Gleichheit der Unionsbürgerinnen und -bürger.

Dies führt zum republikanischen Kernbegriff der Bürgerschaft, seit 1993 als Unionsbürgerschaft ein Rechtsbegriff.[79] Zunächst stieß diese Bürgerschaft auf viel Skepsis,[80] entfaltete aber alsbald rechtliche und soziale Wirkungen. Heute kann man dank ihrer Kombination mit Art. 2 EUV von einem „einheitlichen politischen Status der Unionsbürgerschaft (...) sprechen, die für das Gesamtsystem der europäischen Gesellschaft auch eine Verantwortung trägt."[81]

Auf dieser Spur gibt der Juristische Dienst der Kommission seinem Band „70 Jahre EU Recht" den Untertitel „Eine Union für ihre Bürgerinnen und Bürger". Er wird allerdings diesem Titel nicht gerecht, weil das Verständnis von Bürgerschaft zu eng ist. So konzentriert sich das spezifische Kapitel ganz auf den Schutz von Kindern sowie homosexuellen Paaren und blendet die politische Dimen-

---

[79] Erstmals in Europäisches Parlament, Entschließung zum Vertragsentwurf zur Gründung der Europäischen Union, ABl. C 77 vom 19. März 1984, 33. Zu Spinellis Rolle *Sergio Pistone*, Altiero Spinelli and the Strategy for the United States of Europe, in: Lucio Levi (Hrsg.), Altiero Spinelli and Federalism in Europe and in the World, Mailand: Angeli 1990, 133–140.

[80] Vgl. *Joseph H. H. Weiler*, Citizenship and Human Rights, in: Jan A. Winter/Deirdre M. Curtin/Alfred E. Kellerman/Bruno de Witte (Hrsg.), Reforming the Treaty on European Union. The Legal Debate, Den Haag, Boston u. a.: Kluwer 1996, 57–86 (65).

[81] *Stefan Kadelbach*, Unionsbürgerschaft, in: Bast/von Bogdandy (Hrsg.) (Fn. 67), bei Fn. 201.

sion bürgerschaftlicher Beteiligung aus.[82] Das passte auch in ein Buch mit dem Untertitel „Une Union pour ses Administrés".[83] Erst das letzte Kapitel räumt der politischen Partizipation eine größere Rolle ein, denn es untersucht, wie die Organe die bürgerschaftliche Transformation der Union ohne Vertragsänderung vertiefen können.[84] In der Tat: Das republikanische Manifest des Art. 2 EUV ist nicht nur ein Statement, sondern enthält auch einen Auftrag (Art. 1 Abs. 2 EUV und Art. 3 Abs. 1 EUV), den der Band selbst unter Berücksichtigung seines abschließenden Beitrags nicht hinreichend reflektiert.[85]

3. Die Operationalisierung des Manifests

Diese Bedeutung des Art. 2 EUV haben zunächst nur wenige Juristen gesehen. Viele betrachteten Art. 2 EUV als eine Art Präambel, also als weitgehend irrelevant.[86]

---

[82] *Jonathan Tomkin / Elisabetta Montaguti*, Die Unionsbürgerschaft: Im Dienste der Bürgerinnen und Bürger der EU, in: Juristischer Dienst der EU Kommission (Hrsg.), 70 Jahre EU Recht. Eine Union für ihre Bürgerinnen und Bürger, Luxemburg: Amt für Veröffentlichungen der Europäischen Union 2022, 107–127.
[83] Zu diesem Schlüsselbegriff des französischen öffentlichen Rechts *Camille Morio*, L'administré: essai sur une légende du droit administratif, Paris: LGDJ 2021.
[84] *Daniel Calleja / Clemens Ladenburger*, Die Zukunft des Unionsrechts, in: Juristischer Dienst der EU Kommission (Hrsg.), 70 Jahre EU Recht (Fn. 82), 435–447 (insbes. 435 und 447).
[85] Zu Artikel 3 Abs. 1 EUV *Ferdinand Weber*, Die Daseinsberechtigung der Union – Artikel 3 Absatz 1 EUV, in: Bast/von Bogdandy (Hrsg.) (Fn. 67).
[86] Vgl. *Joseph H. H. Weiler*, On the Power of the Word. Europe's Constitutional Iconography, International Journal of Constitutional Law 3 (2005), 173–190.

Dies änderte sich erst, als das zu wanken anfing, was die französische (Art. 89), die italienische (Art. 139 CI), die US-amerikanische (Art. IV Section 4) Verfassung als republikanische Regierungsform bezeichnen. Angesichts der Unfähigkeit der politischen Unionsorgane, hierauf adäquat zu reagieren mobilisierte der EuGH das republikanische Manifest.

So gelangte der EuGH ab 2018 zu Entscheidungen, deren transformative Tragweite sein Präsident mit *van Gend en Loos* und *Costa v. ENEL* verglich:[87] Etwa die Urteile *ASJP*,[88] *LM*,[89] *Kommission/Polen*,[90] gipfelnd in den zwei Urteilen vom 16. Februar 2022: Die Werte des Art. 2 EUV geben der Union nunmehr „schlechthin ihr Gepräge", so das Plenum.[91] Andere Sprachfassungen sind noch deutlicher: „They define the very identity of the European Union as a common legal order". Die Unionswerte rücken in eine Stellung, welche mitgliedstaatlicher Verfassungsidentität vergleichbar ist.[92] Sie verfassen keineswegs nur

---

[87] *Koen Lenaerts*, Upholding the Rule of Law through Judicial Dialogue, Rede am King's College London (21.3.2019), <https://www.youtube.com/watch?v=qBOeopzvPBY&t=37s> [min: 19:23], letzter Zugriff 15.04.2024.

[88] EuGH, Urteil v. 27.2.2018, Rs. C-64/16, ECLI:EU:C:2018:117, Rn. 30, 32, 35 – *Associação Sindical dos Juízes Portugueses*.

[89] EuGH, Urteil v. 25.7.2018, Rs. C-216/18 PPU, ECLI:EU:C:2018:586, Rn. 35, 48, 50 – *LM*.

[90] EuGH, Urteil v. 24.6.2019, Rs. C-619/18, ECLI:EU:C:2019:531, Rn. 42, 47, 58 – *Kommission/Polen*.

[91] EuGH, *Ungarn/Parlament u. Rat* (Fn. 44), Rn. 127, 232.

[92] Zu diesem neuen Konstitutionalismus *Tímea Drinóczi/Pietro Faraguna*, The Constitutional Identity of the EU as a Counterbalance for Unconstitutional Constitutional Identities of the Member States, European Yearbook of Constitutional Law 4 (2022), 57–87; *Hélène Gaudin*, Ce que l'Union européenne signifie: l'identité de l'Union

die Europäische Union, sondern letztlich jede Rechtsbeziehung in der europäischen Gesellschaft. Mit dieser Rechtsprechung machte der europäische Konstitutionalismus den Schritt von einem funktionalen (*effet-utile*) Konstitutionalismus, ausgerichtet an der Wirksamkeit des Unionsrechts (mit dem Fokus auf Autonomie, unmittelbare Wirksamkeit, Vorrang), zu einem genuinen Konstitutionalismus im Lichte republikanischer Prinzipien, eben einer rechtsstaatlichen, also gewaltenteiligen Ordnung zwecks bürgerschaftlicher Freiheit, Gleichheit, Demokratie, Solidarität.[93]

Diese Operationalisierung ist nicht allein Werk des EuGH. Der Europäische Rat und der Unionsgesetzgeber haben seine Rechtsprechung bestätigt und in bedeutende Rechtsakte gegossen.[94] Alle Unionsorgane und viele Mitgliedstaaten bedienen sich inzwischen der Prinzipien des Art. 2 EUV. Das ist verfassungsrechtlich relevant: Auch die politischen Organe sind zur Verfassungsinterpretation be-

---

et de ses États membres (2023), Revue trimestrielle des droits de l'homme 133 (2023), 17–34; *Pablo Cruz Mantilla de los Ríos*, La identidad constitucional de la Unión europea: una categoría jurídica en construcción, Estudios de Deusto 70 (2022), 153–190; *Ferdinand Weber*, Die Identität des Unionsrechts im Vorrang, JuristenZeitung 77 (2022), 292–301; *Sabrina Ragone / Juan Francisco Barroso Márquez*, El giro „reactivo" de la identidad europea: condiciona-miento de fundus y confianza mutua, Revista de Derecho Constitucional Europeo 37 (2022), 103–133.

[93] Näher *Jürgen Bast / Armin von Bogdandy*, Grundlagenteil und Verfassungskern des EU-Vertrags. Zur Legitimität des neuen Konstitutionalismus des EuGH, JuristenZeitung 79 (2024), 115–125.

[94] Verordnung (EU) 2020/2092 des Europäischen Parlaments und des Rates vom 16. Dezember 2020 über eine allgemeine Konditionalitätsregelung zum Schutz des Haushalts der Union. Der 3. und 5. Erwägungsgrund rezipieren ausdrücklich die Rechtsprechung.

rufen und prägen deren Verständnis.[95] Diese Entwicklung ist so bedeutend, dass der Arbeitskreis *Europäisches Verfassungsrecht* unserer Vereinigung sie parallel zu diesem Arbeitskreis behandelt.[96]

Was spricht dafür, diese Entwicklung als republikanisch zu deuten? Rechtsvergleichend, dass sie mit der französischen, italienischen, aber auch der US-amerikanischen Verfassung ein Anwendungsfall dessen ist, was jene Verfassungen als Verteidigung der republikanischen Regierungsform qualifizieren. Weiter hat die Konkretisierung der Prinzipien eine republikanische Tendenz: Alle EU-Institutionen bestimmen die Rechtsstaatlichkeit im Lichte von Gewaltenteilung, repräsentativer Demokratie, transparenter Gesetzgebung und Grundrechtsschutz, also nicht im Sinne des formalen (etatistischen) Rechtsstaatsbegriffs. Die Betonung der Gewaltenteilung ist dabei ein urrepublikanischer Einwand gegen diejenigen, die auf ihr Mandat aus allgemeinen Wahlen pochend Hemmnisse beiseite zu schieben versuchen.

Für eine republikanische Lesart spricht weiter die Rolle, die der EuGH dem Solidaritätsprinzip in Art. 2 S. 2 EUV zuweist, obwohl er damit ein rechtsdogmatisch unvermessenes und politisch strittiges Feld betritt.[97] Der Uni-

---

[95] *Bruno de Witte*, Legal Methods for the Study of EU Institutional Practice, European Constitutional Law Review 18 (2022), 637–656; *Gareth Davies*, Does the Court of Justice own the Treaties? Interpretative pluralism as a solution to over-constitutionalisation, European Law Journal 24 (2018), 358–375.

[96] Mit Vorträgen von Franz Mayer und Martin Nettesheim, Publikation in der Zeitschrift Europarecht.

[97] Zum Streit um europäische Solidarität *Anuscheh Farahat*, Transnationale Solidaritätskonflikte. Eine vergleichende Analyse verfassungsgerichtlicher Konfliktbearbeitung in der Eurokrise, Tü-

onshaushalt sei eines der wichtigsten Instrumente, mit denen „der in Art. 2 EUV genannte Grundsatz der Solidarität konkretisiert werden kann, der seinerseits einer der tragenden Grundsätze des Unionsrechts ist".[98] Dem entspricht es, dass Koen Lenaerts und Stanislas Adam der Solidarität eine spezifisch föderalisierende Bedeutung zusprechen (oben II.2.).[99] Auch viele gesetzgeberische und haushälterische Maßnahmen in Antwort auf enorme Herausforderungen werden als Ausdruck europäischer Solidarität präsentiert, einer europäischen Solidarität, die 2020 wohl jeden überraschte. Das wichtigste Beispiel hierfür sind die Reaktionen auf die Pandemie, sei es wegen der hohen Summen, sei es wegen des Schleifens des Konditionalitätserfordernisses.[100] Der Gesetzgeber stützt sich auf die Solidaritätsklausel des Art. 122 AEUV, um das SURE- und das „Next Generation EU"-Programm einzuführen.[101] Damit wandelt er ein Regelwerk, das zu-

---

bingen: Mohr Siebeck 2021; *Päivi Leino-Sandberg/Matthias Ruffert*, Next Generation EU and its Constitutional Ramifications: A Critical Assessment, Common Market Law Review 59 (2022), 433–472 (444–448); *Martin Nettesheim*, „Next Generation EU": Die Transformation der EU-Finanzverfassung, Archiv des öffentlichen Rechts 145 (2020), 381–437.
[98] EuGH, *Ungarn/Parlament u. Rat* (Fn. 44), Rn. 129; *Polen/Parlament u. Rat* (Fn. 44), Rn. 157. So bereits EuGH, Urteil v. 15.7.2021, Rs. C-848/19 P, EU:C:2021:598, Rn. 38 – *Deutschland/Polen*.
[99] *Lenaerts/Adam* (Fn. 57), 314 f.
[100] *Michael Ioannidis*, Between Responsibility and Solidarity. COVID-19 and the Future of the European Economic Order, Zeitschrift für ausländisches öffentliches Recht und Völkerrecht 80 (2020), 773–783.
[101] Verordnung (EU) 2020/672 des Rates vom 19. Mai 2020 zur Schaffung eines Europäischen Instruments zur vorübergehenden Unterstützung bei der Minderung von Arbeitslosigkeitsrisiken in

nächst darauf abzielte, den nationalen Haushalten Grenzen zu setzen, zu einer makroökonomischen Verfassung, unter der die Union gemeinsame Ausgaben und Umverteilung organisiert.

Die europäische Solidarität hat viele weitere Felder. Seit langem verlangt der Gerichtshof „finanzielle Solidarität der Staatsangehörigen des Aufnahmemitgliedstaats mit denen der anderen Mitgliedstaaten".[102] Die Rechtsprechung zum allgemeinen Diskriminierungsverbot, zur Unionsbürgerschaft oder zur Arbeitnehmerfreizügigkeit lässt sich republikanisch deuten, da sie auf *gleiche* Freiheit auch unter Privaten zielt.[103] Die europäische Solidarität rechtfertigt Eingriffe in Privatautonomie und Marktwirtschaft, was eher zu republikanischen als liberalen Konzeptionen passt.

Inzwischen bilden die Werte und Prinzipien des Art. 2 EUV den dynamischen Mittelpunkt zahlloser juristischer, politischer und alltagsweltlicher Diskurse. 2022 publizierte Robert Menasse seinen Roman *Die Erweiterung*, der um dieses republikanische Manifest kreist.[104] Die Europäische

---

einer Notlage (SURE); Verordnung (EU) 2020/2094 des Rates vom 14. Dezember 2020 zur Schaffung eines Aufbauinstruments der Europäischen Union zur Unterstützung der Erholung nach der COVID-19-Krise.

[102] EuGH, Urteil v. 20.9.2001, Rs. C-184/99, EU:C:2001:458, Rn. 44 – *Grzelczyk*. Die Entwicklung dieses Grundsatzes ist sicherlich nicht gradlinig, vgl. insb. Urteil v. 11.11.2014, Rs. C-333/13, EU:C:2014:2358 – *Dano*; dazu *Anusheh Farahat*, Solidarität und Inklusion: Umstrittene Dimensionen der Unionsbürgerschaft, Die öffentliche Verwaltung 69 (2016), 45–55.

[103] Dazu die Beiträge von *Mangold*, *Goldmann* und *Kadelbach*, in: Bast/von Bogdandy (Hrsg.) (Fn. 67).

[104] *Robert Menasse*, Die Erweiterung, Berlin: Suhrkamp 2022.

Zentralbank erwägt, die Werte des Art. 2 EUV auf die nächste Generation von Banknoten zu drucken.[105] Dass Interpretation und Anwendung der Werte strittig sind und strittig bleiben, betont nur deren Bedeutung. Wie tief sich ein europäischer Republikanismus in die europäischen Diskurse eingelagert hat, zeigt nicht zuletzt die regelmäßige Kritik des Brüsseler *output*, es stelle den kleinsten gemeinsamen Nenner dar. Ein republikanisches Gemeinwohlverständnis verlangt, anders als ein transaktionales, mehr als nur den Abgleich unterschiedlicher Interessen. Es ist republikanisch gedacht, dass es ein genuines Unionsinteresse (Art. 17 Abs. 1 S. 1 EUV) gibt.

Die Dynamik der Operationalisierung des republikanischen Manifests sei anhand des Weißbuchs zur Zukunft Europas dokumentiert, das die Junkerkommission 2017 publizierte. Es reagiert auf Zweifel an dem Integrationsprojekt, ausgelöst durch die Eurokrise, die Migrationskrise, das Brexitreferendum, die Wahl Donald Trumps sowie sich daraus speisende Voraussagen, EU-skeptische Parteien würden im nächsten Europaparlament erstarken. Vor diesem Hintergrund wollte die Kommission die Parlamentswahlen von 2019 zu einer Richtungsentscheidung darüber machen, wo die Union im Jahr 2025 stehen soll.[106]

Die Kommission sieht 2017 fünf Szenarien. Diese sind vage, weil das Weißbuch die wissenschaftliche Diskussion ignoriert, keine politischen Zuordnungen vornimmt und die Szenarien weder rechtlich noch institutionell ver-

---

[105] Siehe <https://www.ecb.europa.eu/euro/banknotes/future_banknotes/redesign/html/index.en.html>, letzter Zugriff 15.04.2024.
[106] Weißbuch (Fn. 69), 3.

ortet.[107] Gleichwohl spiegelt sich in ihnen auch der politische Kontext, in dem sich die hier behauptete europäische Renaissance des Republikanismus bewegt. Das erste Szenario lautet: ‚weiter wie bisher', zielt also auf *muddling through* ohne konzeptionelle Orientierung. Das zweite Szenarium ‚Schwerpunkt Binnenmarkt' projiziert hingegen einen Rückzug. Es ist das Szenario für diejenigen Skeptiker der politischen Union, die in ökonomischer Integration einen Mehrwert sehen.[108] Die Kommission bezeichnet als drittes Szenarium ‚wer mehr will, tut mehr', also eine differenzierte Integration als Antwort auf wachsende Heterogenität.[109] Das vierte Szenario, ‚weniger, aber effizienter', zielt insbesondere auf eine Stärkung von Agenturen mit eigenen administrativen Handlungsmöglichkeiten, etwa im Migrationsbereich. Man kann in ihm ein Szenarium sehen, das Ipsen als Zweckverband funktionaler Integration konzeptualisierte.[110] Das fünfte und letzte

---

[107] Die einzige Bezugnahme ist die auf Hallsteins Rechtsgemeinschaft, ein Begriff von 1962, Weißbuch (Fn. 69), 6.

[108] Dazu *Uwe Volkmann*, Vom Ursprung und Ziel der Europäischen Union. Die Perspektive der Rechtswissenschaft, in: Gregor Kirchhof/Hanno E. Kube/Reiner Schmidt (Hrsg.), Von Ursprung und Ziel der Europäischen Union. Elf Perspektiven, Tübingen: Mohr Siebeck 2016, 57–73.

[109] *Katharina Holzinger/Frank Schimmelfennig*, Differentiated Integration in the European Union: Many Concepts, Sparse Theory, Few Data, Journal of European Public Policy 19 (2012), 292–305.

[110] *Hans Peter Ipsen*, Die Verfassungsrolle des Europäischen Gerichtshofs für die Integration, in: Jürgen Schwarze (Hrsg.), Der Europäische Gerichtshof als Verfassungsgericht und Rechtsschutzinstanz. Referate und Diskussionsberichte der Tagung des Arbeitskreises Europäische Integration e.V. in Hamburg vom 2.–4. Juni 1983, Baden-Baden: Nomos 1983, 29–62; dazu *Kahl/Hüther* (Fn. 70); weiter *Peter L. Lindseth*, Power and Legitimacy. Recon-

Szenarium zielt auf ‚viel mehr gemeinsames Handeln', also eine substantielle Vertiefung der föderalen Dimension.

Blickt man Ende 2023, nur sechs Jahre später, auf das Weißbuch, so bestätigen sich simple, aber wichtige Einsichten. Dazu zählt die Winston Churchill zugeschriebene Einsicht, wonach *plans never work*. Die Strategie des Weißbuchs ging nicht auf: Die Wahlen haben die Union nicht im Sinne eines der fünf Szenarien des Weißbuchs positioniert. Weiter bestätigt sich die Einsicht Jean Monnets, dass Reaktionen auf Krisen die Integration prägen, Reaktionen, die dieser Beitrag als Operationalisierung des republikanischen Manifests beschreibt. Das führt zum zweiten Teil von Churchills Einsicht, dass zwar *plans never work, but planning is* (trotzdem) *essential*. Man darf vermuten, dass die Szenarien des Weißbuchs die verantwortlichen Stellen in der Hitze der Krisen orientierten und damit halfen, mit den genannten Reaktionen die hier beschriebene Renaissance des Republikanismus auszulösen.

Der Rückblick auf das Weißbuch zeigt, wie sehr die Operationalisierung des republikanischen Manifests seit 2017 die EU-zentrierte europäische Gesellschaft weiter verdichtet und den republikanischen Charakter der Union gestärkt hat. Die Verdichtung ergibt sich etwa aus der immer dichteren Kommunikation über Werte. Es ist bezeichnend, dass noch 2017 das Weißbuch die heute allgegenwärtigen europäischen Werte nur floskelhaft erwähnt und ihnen kaum Bedeutung beimisst. Es findet sich in diesem Text von 2017 keinerlei Hinweis auf den neuen

---

ciling Europe and the Nation-State, New York, Oxford: Oxford University Press 2010.

EU-Konstitutionalismus, der sich ab 2018 seinen Weg bricht. Gespiegelt in den Szenarien des Weißbuchs befindet sich das integrierte Europa bereits 2023 im Bereich des Szenario Nr. 5, vielleicht gar jenseits dessen, denn viele Integrationsschritte der letzten sechs Jahre liegen jenseits jedes Erwartungshorizonts von 2017. Zugleich ist bezeichnend, dass das Weißbuch als weltanschauliche Wurzel der Integration allein auf das republikanische Manifest von Ventotene Bezug nimmt[111] und das paneuropäische Denken vollständig übergeht, welches die Union im Wertekanon des christlichen Abendlandes gründet.[112] Darauf ist zurück zu kommen (V.).

4. Gewaltenteilende Gemeinwohlbestimmung

Den republikanischen Verfassungskern entfalten weitere Bestimmungen, welche ebenfalls einer republikanischen Deutung im Sinne von *Madison*, *Sieyès* und *Kant* zugänglich sind. Sie legen fest, dass die Union auf einer legitimen Verfassung mittels gewaltenteilender Demokratie und stabiler Ämterordnung gemeinsame Angelegenheiten gleicher und freier Bürger regeln kann, regeln soll (Art. 3 Abs. 1 EUV).[113] Die Verträge etablieren unter dem

---

[111] Weißbuch (Fn. 69), 6.

[112] *Richard Coudenhove-Kalergi*, Paneuropa, Wien: Paneuropa-Verlag 1926; *Otto von Habsburg*, Die Paneuropäische Idee. Eine Vision wird Wirklichkeit, Wien: Amalthea 1999.

[113] Dass Madison als Sklavenhalter schrieb und alle drei weiße Männer mit diversen Unzulänglichkeiten waren, korrumpiert nicht dieses republikanische Programm; zur Debatte etwa *Anne Phillips*, Feminism and Republicanism: is This a Plausible Alliance?, Journal of Political Philosophy 8 (2000), 279–293.

„Grundsatz der Gleichheit ihrer Bürgerinnen und Bürger" (Art. 9 EUV) ein demokratisches (Art. 2 EUV) Institutionensystem, das repräsentativ (Art. 10 Abs. 1 EUV) und gewaltenteilig (Art. 13 EUV) arbeitet,[114] und dabei „möglichst offen und möglichst bürgernah" sowie partizipativ und dialogisch vorzugehen hat (Art. 1 Abs. 2, 11 EUV). Der Superlativ legt ein kritisches Demokratieverständnis nahe, das jede institutionelle Faktizität hinterfragt.

Dass die Union kein Staat ist, bereitet dem Republikanismus kein Problem, denn die Kategorie *Staat* ist ihm von nachgeordneter Bedeutung.[115] Maßgeblich ist, dass die Institutionen der Union *öffentliche Gewalt* ausüben: Regierung (Art. 15 EUV), Gesetzgebung (Art. 14 und 16 EUV), Verwaltung (Art. 17 EUV), Rechtsprechung (Art. 19 EUV). Der Republikanismus verlangt dafür eine gewaltenteilende Ämterordnung. Entsprechend definieren bereits diese Grundlagenbestimmungen die Institutionen nach Aufgabe, Zusammensetzung und Verfahren, all dies zumeist im Lichte gewaltenteilender Kooperation. In der Tradition der *federalists* gehört zur Gewaltenteilung weiter die föderale Gliederung (Art. 1 Abs. 1, Art. 4 f. EUV).[116]

---

[114] *Christoph Möllers*, Art. 10–13 EUV. Die Gewaltenteilung, in: Bast/von Bogdandy (Fn. 67).
[115] Dies ist nicht allein die Vision progressiver Kräfte. So sagt Art. 114 der italienischen Verfassung, eingefügt durch die Verfassungsreform von 2001 (federführend der Leghista Calderoli): „Die Republik ist konstituiert aus den Gemeinden, Provinzen, Großstädten mit besonderem Status, Regionen und dem Staat."
[116] *Horst Dreier*, Demokratische Repräsentation und vernünftiger Allgemeinwille. Die Theorie der amerikanischen Federalists im Vergleich mit der Staatsphilosophie Kants, Archiv des öffentlichen Rechts 113 (1988), 450–483 (458 f.).

Auf dieser Spur kann man sogar das Offenhalten der Vorrangfrage als Gewaltengliederung deuten.[117]

Ein Fixpunkt europäischen republikanischen Denkens ist das Europäische Parlament, und die Stärkung seiner Repräsentationskraft ist ihm ein elementares Anliegen.[118] Dass die Einrichtung eines direkt gewählten Parlaments (1979), seine sukzessiv wachsenden Kompetenzen (1987, 1993, 1999, 2003, 2009) sowie seine zunehmende Sichtbarkeit und Relevanz das Argument einer europäischen Renaissance des Republikanismus mit tragen, ist offensichtlich. So möchte ich an dieser Stelle eine für das Zentralthema sperrigere Institution beleuchten: den Europäischen Rate.[119] Seine Machtstellung erinnert an spätrepublikanische Potentaten, die Cicero zur Abfassung von *de re publica* veranlasste.[120] Problematisch ist weniger sein demokratisches Mandat (Art. 10 Abs. 2 EUV), sondern seine Disziplinierung durch die Ämterordnung.

---

[117] *Somek / Paar* (Fn. 18); zum europäischen Pluralismus in republikanischer Perspektive *Claudio Franzius*, Verfassungspluralismus – Was bedeutet das konkret?, Rechtswissenschaft 7 (2016), 62–89; *Giuseppe Martinico*, The Tangled Complexity of the EU Constitutional Process, London: Routledge 2023, 153 ff.

[118] Vgl. nur *Eberhard Grabitz / Thomas U. Meyer*, Europawahlgesetz. Kommentar; unter Einbeziehung des Bundeswahlgesetzes, der Europawahlordnung, der Bundeswahlgeräteverordnung und sonstiger wahlrechtlicher Nebenvorschriften, Bonn: Europa-Union-Verlag 1979; *Eberhard Grabitz / Thomas Läufer*, Das Europäische Parlament, Bonn: Europa Union Verlag 1980.

[119] Im Folgenden übernehme ich eine Passage aus *Armin von Bogdandy / Giacomo Rugge*, Der Europäische Rat. Regieren in der europäischen Gesellschaft, in: Bast / von Bogdandy (Hrsg.) (Fn. 67).

[120] *Malcolm Schofield*, Cicero, Oxford: Oxford University Press 2021, 7.

Die republikanische Disziplinierung des Europäischen Rats hat ein halbes Jahrhundert gedauert, wie die Normgeschichte zu Art. 15 EUV zeigt. Sie beleuchtet zudem dessen Sonderstellung unter den Organen. Kommission, Rat, Parlament, Gerichtshof, Zentralbank, Rechnungshof begannen als eine Rechtsnorm der Verträge und erstarkten auf dieser Grundlage zu einer sozialen Praxis. Die Institution „Europäischer Rat" ist den entgegengesetzten Weg gegangen: Sie entstand als eine soziale Praxis der europäischen Politik, welche die Mitgliedstaaten nur zögerlich verrechtlicht haben.

Es begann 1961 mit dem ersten Gipfeltreffen der sechs Staats- und Regierungschefs unter dem Vorsitz von Charles de Gaulle, um politische *leadership* für Europa herzustellen.[121] Allerdings argwohnten viele, dass es vor allem um französische *leadership* in Europa ging.[122] So kam es erst aufgrund der Krisen der frühen 1970er Jahre zu einer Institutionalisierung, und auch das nur in einem Kommuniqué. Es verkündet den Beschluss regelmäßiger Zusammenkünfte angesichts „der Notwendigkeit eines Gesamtkonzepts für die internen Probleme, die mit der Verwirklichung der europäischen Einheit verbunden sind, und für die externen Probleme, mit denen Europa konfrontiert ist".[123] Sie verdankt sich Valéry Giscard d'Estaings

---

[121] *Emmanuel Mourlon-Druol*, Steering Europe: Explaining the Rise of the European Council, 1975–1986, Contemporary European History 25 (2016), 409–437 (410 f.).

[122] *Bino Olivi*, L'Europa difficile. Storia politica dell'integrazione europea 1948–2000, Bologna: Il Mulino 2000, 145 ff.

[123] Wiedergegeben in Common Market Law Review 12 (1975), 143–147; dazu als Chefstratege der damaligen EWG *Emile Noël*, Quelques réflexions sur la préparation, le déroulement et les répercussions

Gestaltungswillen, der später zu Art. 2 EUV führte (III.2.). Diese Institutionalisierung war kontrovers: Pierre Pescatore betrachtete den Europäischen Rat als eine Sackgasse, weil er Intergouvernementalisierung befördere, die Effizienz des Entscheidungsprozesses schwäche, einer Demokratisierung im Weg stehe und die Gleichheit der Partner gefährde.[124]

Der Europäische Rat verfügte ab 1974 über eine normative Grundlage, aber nicht im Gemeinschaftsrecht, sondern nur in völkerrechtlichem *soft law*. Er war der Gemeinschaft politisch wie rechtlich enthoben. Erst die Einheitliche Europäische Akte von 1987 vermittelte ihm eine gemeinschaftsrechtliche Grundlage, allerdings minimalistischer Natur. Sie betraf allein seine Zusammensetzung und die Häufigkeit seiner Tagungen, qualifizierte ihn aber nicht als Institution, bestimmte nicht seine Rolle im politischen Prozess der Gemeinschaften und unterwarf ihn kaum dem Gemeinschaftsrecht.[125]

Erst nach dem Fall des Eisernen Vorhangs im Zuge der Vollpolitisierung der Union machten sich die Mitgliedstaaten auf den Weg zu einer unionsverfassungsrechtlichen Vollpolitisierung. Luuk van Middelaar identifiziert

---

de la réunion tenue à Paris par les Chefs de Gouvernement (9–10 décembre 1974), Cahiers de droit européen 11 (1975), 3–13.

[124] *Pierre Pescatore*, L'exécutif communautaire: justification du quadripartisme institué par les Traités de Paris et de Rome, Cahiers de droit européen 14 (1978), 387–406 (395, 400 f.).

[125] *Francesco Capotorti*, Le statut juridique du Conseil européen à la lumière de l'Acte unique, in: Francesco Capotorti / Claus-Dieter Ehlermann / Jochen Abr. Frowein / Francis Jacobs / René Joliet / Thijmen Koopmans / Robert Kovar (Hrsg.), Du droit international au droit de l'intégration: Liber Amicorum Pierre Pescatore, Baden-Baden: Nomos 1987, 79–96.

als eine zentrale Motivation, dass die Union seit den 1990er Jahren neben der traditionellen „Regelpolitik" zunehmend auch „Ereignispolitik" leisten muss.[126] Es geht in der Union nicht mehr nur um langwierige Regulierung sattsam bekannter Probleme, sondern auch um das rasche Reagieren auf unvorhergesehene Ereignisse hochpolitischer Natur. Hier ist der Europäische Rat, ungeachtet vieler Probleme, allen anderen Institutionen haushoch überlegen.[127]

In diesem Kontext verdichten die Verträge von Maastricht (1992), Amsterdam (1997), Nizza (2001) und zuletzt Lissabon (2007) die rechtliche Gestalt des Europäischen Rates. Erst letzterer Vertrag nahm ihn, nach fast 60-jähriger Entwicklung, in die Ämterordnung auf (Art. 13 Abs. 1 EUV), was seine Rechtsbindung außer Frage stellt und seinen ambivalenten Status eines irgendwie außerhalb der Union stehenden Interaktionsforums (Gipfel) beendet,[128] die mit der Idee einer republikanischen Ämterordnung unvereinbar ist.

Diese Entwicklung könnte nicht als republikanisch gelten, wenn der Europäische Rat die vertragliche Ämterordnung untergraben würde, denn Gewaltenteilung ist ein Herzensanliegen des Republikanismus. Insofern ist

---

[126] *Luuk van Middelaar*, The Passage to Europe. How a Continent Became a Union, London: Yale University Press 2014, passim. Vertiefend *Luuk van Middelaar*, Alarums & Excursions. Improvising Politics on the European Stage, Newcastle: Agenda 2019, 10 ff. und passim.

[127] Nicht zuletzt, weil er einen massenmedialen öffentlichen Raum schafft, dazu noch unter IV.3.

[128] *Jean-Claude Piris*, The Lisbon Treaty. A Legal and Political Analysis, Cambridge: Cambridge University Press 2010, 205 ff.

es relevant, dass ihm Durchregieren vorgeworfen wird: Er dehne seine Rolle über die in den Verträgen vorgesehene Rolle aus und determiniere rechtswidrig das Gesetzgebungsverfahren.[129] Danach erscheint die gesamte Union gleichsam als Appendix der Beschlüsse von Potentaten, also just jener Konstellation, gegen die Cicero anschrieb.[130]

Nun ist zwischen dem Gesetzgebungs*verfahren* und dem Gesetzgebungs*prozess* zu unterscheiden. Das Verfahren ist eine rechtlich bestimmte Abfolge von Schritten, die für eine hoheitliche Entscheidung notwendig sind. *Prozess* meint hingegen das politische Geschehen, das dieses Verfahren ermöglicht und begleitet. Im unionalen Gesetzgebungs*verfahren* entscheiden allein Parlament und Rat, der Vorschlag kommt allein von der Kommission.[131] Auf den Gesetzgebungs*prozess* können aber weitere Organe und Akteure legitim einwirken: Wirtschaftsvertreter, Lobbyisten, Nichtregierungsorganisationen,

---

[129] Ausführlich *José Manuel Martínez-Sierra*, „De iure" y „de facto": Las dos caras del Consejo Europeo tras Lisboa, Revista de Derecho Comunitario Europeo 73 (2022), 829–871; *Christian Calliess*, Art. 15 EUV, in: Christian Calliess/Matthias Ruffert (Hrsg.), EUV/AEUV. Das Verfassungsrecht der Europäischen Union mit Europäischer Grundrechtecharta. Kommentar, München: C. H. Beck 2016, Rn. 11.

[130] *Marcus Tullius Cicero/James Zetzel*, De re publica. Selections, Cambridge University Press: Cambridge 1995, 1–3.

[131] EuGH, Urteil v. 4.9.2018, Rs. C-57/16 P, ECLI:EU:C:2018:660, Rn. 86 ff. – *ClientEarth/Kommission*. Das Initiativmonopol der Kommission zur Verwirklichung des Unionsinteresses (Art. 17 Abs. 1 EUV) kann republikanisch als spezifischer Mechanismus unter einem qualifizierten Gemeinwohlbegriff gedeutet werden, dazu *Hannes Krämer/Mattias Wendel*, Die Europäische Kommission: Supranational-exekutive Kanalisierung des Unionsinteresses, in: Bast/von Bogdandy (Hrsg.) (Fn. 67).

Regionen und Städte, die Medien, auch der Europäische Rat. Die Festlegung in Art. 15 Abs. 1 EUV betrifft das Gesetzgebungsverfahren, nicht den Gesetzgebungsprozess.

In dem Gesetzgebungsprozess kommt dem Europäischen Rat eine legitime Rolle zu. Art. 15 Abs. 1 EUV beauftragt ihn, auf das europäische Gesetzgebungsverfahren so einzuwirken, damit die Ziele der Union verwirklicht werden.[132] Dass die unionale Gewaltengliederung ein Einwirken des Europäischen Rates vorsieht, bestätigt Art. 16 Abs. 6 UAbs. 2 EUV. Er überträgt dem Rat „Allgemeine Angelegenheiten", also einem Organ der gesetzgebenden Gewalt die Aufgabe, für die erforderlichen Maßnahmen zur Umsetzung der Impulse des Europäischen Rates zu sorgen.

Diese Argumentation mag formalistisch erscheinen. Aber die institutionelle Praxis zeigt, dass die gesetzgebenden Organe, das Parlament[133] und selbst der Rat, sich keineswegs als Vollzugsorgane des Europäischen Rates verstehen. So rügten einige Mitgliedstaaten sogar in zwei EuGH-Verfahren Rechtsakte, weil der Rat von den Leitlinien *abgewichen* sei, die der Europäische Rat in Schlussfolgerungen zum Ausdruck gebracht hatte.[134] Systematische Erkenntnisse für die Beziehung zwischen dem Europäischen Rat und den anderen Organen ergeben sich aus den sogenannten „checklists of commitments"

---

[132] EuGH, Urteil v. 21.6.2018, Rs. C-5/16, ECLI:EU:C:2018:483, Rn. 85 – *Polen / Parlament und Rat*.

[133] Ausdrücklich Europäisches Parlament, Verhandlungen über den MFR 2014–2020: Erkenntnisse und weiteres, P7_TA(2014)0378, 15.4.2014, Rn 12 und 14.

[134] EuGH, *Polen / Parlament u Rat* (Fn. 132), Rn. 72 ff.; EuGH, Urteil v. 6.9.2017, verb. Rs. C-643/15 und C-647/15, ECLI:EU:C:2017:631, Rn. 136 ff. – *Slowakei und Ungarn / Rat*.

des Wissenschaftlichen Dienstes des Europäischen Parlaments.[135] Diese Publikation dokumentiert die Schritte der zuständigen Organe (Kommission, Parlament, Rat) zur Umsetzung von Schlussfolgerungen des Europäischen Rates und zeigt, dass keine Institution sich als Vollzugsorgan begreift.[136]

Insgesamt kann man eine schrittweise Einbindung des Europäischen Rates in die gewaltenteilige Ämterordnung der Verträge festhalten und so die Entwicklung zwischen 1961 und 2022 als einem europäischen Republikanismus entgegenkommen verstehen. Mehr noch: Liest man die allgemeine Entwicklung der unionalen Ämterordnung in der trinären Logik von marktzentriertem Liberalismus, staatszentrierten (kommunitaristischen oder delegationsrechtlichen) Ansätzen und europäischem Republikanismus,[137] so erscheint mir die republikanische Deutung als die plausibelste wie auch normativ gehaltvollste.

Andere werden das anders sehen.[138] Aber gerade weil die Unterschiede dieser Sichtweisen wichtige Konfliktlinien in der europäischen Gesellschaft artikulieren,

---

[135] *Suzana Anghel/Ralf Drachenberg/Rebecca Torpey*, European Council conclusions: A rolling check-list of commitments to date, PE 734.673, 10.2022.

[136] *Jan Werts*, The European Council in the Era of Crises, London: Harper Publishing 2021, 308, 330.

[137] Diese Dreiteilung folgt einem etablierten Muster, *Jürgen Habermas*, Drei normative Modelle der Demokratie: Zum Begriff deliberativer Politik, in: Herfried Münkler (Hrsg.), Die Chancen der Freiheit: Grundprobleme der Demokratie, München, Zürich: Piper 1992, 11–24 (11 ff.); *Viroli* (Fn. 23), 43 ff.

[138] Zu anderen Verständnissen etwa *Signe Rehling Larsen*, Varieties of Constitutionalism in the European Union, Modern Law Review 84 (2021), 477–502; *Kaarlo Tuori/Suvi Sankari* (Hrsg.), The Many Constitutions of Europe, London: 2010; *András Zs. Varga*, From

ist das hier entwickelte Verständnis des Republikanismus zweckmäßig: Die begriffliche Klärung erleichtert die Bearbeitung der Konflikte und dient so der gemeinsamen Sache.[139] Für den wissenschaftlichen Gehalt der Behauptung, es gebe eine europäische Renaissance des Republikanismus, kommt es darauf an, dass die in diesem Abschnitt gemachten empirischen Aussagen zutreffen. Weiter dürfen sie nicht im Widerspruch zu elementaren Annahmen des Republikanismus stehen, dem Gegenstand des folgenden Abschnitts.

IV. Einwände

Man findet, so lässt sich III. zusammenfassen, viel rechtliches Material in der europäischen Gesellschaft, das man als eine europäische Renaissance des Republikanismus deuten kann. Gleichwohl stünde die These auf schwachen Füßen, wenn sie Grundannahmen des Republikanismus widerspräche. Dies sei nun anhand von drei erwartbaren Einwänden geprüft: dem Fehlen republikanischer Selbstbestimmung, republikanischer Gesinnung und republikanischer Öffentlichkeit. Die Widerlegung dieser Einwände dient zugleich der Vertiefung des Arguments.

Ideal to Idol? The Concept of the Rule of Law, Budapest: Dialóg Campus 2019.
[139] *Mario Ricciardi*, Chiarificazione concettuale, scienza giuridica e impegno civile, in: Studi di filosofia del diritto per Mario Jori, Neapel: Edizioni scientifiche italiane 2016, 255–277 (insb. 269–276). Siehe auch *Paul Craig*, Constitutions, Constitutionalism, and the European Union, European Law Journal 7 (2001), 125–150 (insb. 125–127).

1. Republikanische Selbstbestimmung

Res publica res populi. Wenig ist dem Republikanismus so wichtig wie die Autorisierung politischer Macht durch die ihr Unterworfenen. Viele republikanische Ansätze spitzen dieses Anliegen idealistisch zu. Laut Kant, der wohl wichtigsten deutschen Autorität des Republikanismus, ist Gesetzgebung letztlich nur als kollektive Selbstgesetzgebung legitim.[140] Dem folgen viele republikanische Theorien und gelangen so zu anspruchs- und voraussetzungsvollen Demokratiebegriffen.

Die Forderung politischer Selbstbestimmung ist für unsere Frage weiterführend, da sperrig gegenüber einer europäischen Renaissance des Republikanismus. Das republikanische „We the People" der amerikanischen Verfassung steht der europäischen Verfassungspolitik vor Augen, aber es steht eben nicht im EU-Vertrag.[141] Dieser beginnt vielmehr mit Seiner Majestät dem König der Belgier, gefolgt von Ihrer Majestät der Königin von Dänemark. Laut Art. 1 Abs. 1 EUV gründen die Hohen Vertragsparteien die Union, nicht die Bürgerinnen und Bürger.

---

[140] *Immanuel Kant*, Die Metaphysik der Sitten, in: Wilhelm Weischedel (Hrsg.), Werkausgabe Bd. 8, Frankfurt am Main: Suhrkamp 1977, 303–634, § 52; *ders.*, Streit der Fakultäten, in: ebd., Bd. 11, 90 f.; dazu *Rolf Gröschner*, Freiheit und Ordnung in der Republik des Grundgesetzes, JuristenZeitung 51 (1996), 637–646; in diesem Sinne der Beitrag von *Angelika Siehr* in diesem Band, S. 91–160; vgl auch *Angelika Siehr*, „Objektivität" in der Gesetzgebung? Symbolische Gesetzgebung zwischen Rationalitätsanspruch des Gesetzes und demokratischem Mehrheitsprinzip, Archiv für Rechts- und Sozialphilosophie 91 (2005), 535–557 (543, 552 ff.).
[141] Dazu weiterführend *Schütze* (Fn. 65), 9 ff., 19 ff.

Renaissance des Republikanismus

Der Vertrag ist ehrlich: Die meisten Unionsbürgerinnen und Unionsbürger nehmen sich nicht als ein europäisches „Wir" wahr, das über die Institutionen der Europäischen Union Selbstbestimmung ausübt. Sie werden Rhetorik wie im Weißbuch der Kommission von 2017, das penetrant die erste Person Plural verwendet („unseren Errungenschaften", „unserer Sicherheit", „unserer Rolle", „wir entscheiden, welchen Weg wir künftig einschlagen wollen")[142] zurecht als politische Propaganda wahrnehmen. Die EU-Verträge und die EU-Gesetzgebung hingegen postulieren kein europäisches „Wir", „Selbst" oder Volk, keine europäische Nation. Vorschläge, die Union so zu begreifen,[143] haben sich weder im Recht noch im öffentlichen Diskurs noch in der akademischen Debatte etablieren können.

Nun könnte man versucht sein, diesem Einwand fehlender Selbstbestimmung völkerrechtlich zu begegnen. Der völkerrechtliche Grundsatz der Selbstbestimmung verlangt Freiheit von Fremdherrschaft, so dass man sagen könnte, die Union schütze doch gegen amerikanische, chinesische oder russische Hegemonie. Das aber genügt nicht den Anforderungen des Art. 2 EUV und noch weniger republikanischen Positionen, die sich als Stachel im trägen Fleisch westlicher Demokratien verstehen.[144]

So konstatieren einige republikanische Ansätze, ähnlich wie kommunitaristische und staatszentrierte Ansätze, ein

---

[142] Weißbuch (Fn. 69); dazu die grundsätzliche Kritik von *Tobias Mast*, Gute Öffentlichkeitsarbeit und die Europäische Union, Zeitschrift für ausländisches öffentliches Recht und Völkerrecht 81 (2021), 443–478.
[143] Vgl. Nachweise in Fn. 75.
[144] Vgl. die Nachweise in Fn. 16 bis 21.

elementares Defizit der Europäischen Union, prägnant artikuliert als *no-demos-thesis*.[145] Ihnen gilt die Union als weitgehend und bisweilen sogar kategorisch demokratieunfähig. Danach ist die Behauptung des Vertragsgesetzgebers, die Union arbeite als repräsentative Demokratie (Art. 10 Abs. 1 EUV), unhaltbar, also so etwas wie ‚falsches Verfassungsrecht'. Das ist Wasser auf die Mühlen derer, die behaupten, „wer Europa sagt, will betrügen".[146]

Aus den zahllosen Fragen, die sich hier stellen, interessiert in unserem grundbegrifflichen Zusammenhang allein, ob das fehlende europäische *Wir* eine republikanische Rekonstruktion des Unionsrechts tatsächlich ausschließt. Ich meine, dass die Demokratiekonzeption des Vertrags mit der republikanischen Tradition vermittelbar ist. Einen Weg eröffnen Theorien des Republikanismus, welche das Erfordernis der Autorisierung nicht als Selbstgesetzgebung konzipieren, sondern darauf abstellen, dass die gleichen und freien Bürgerinnen und Bürger ihresgleichen mit einem Mandat zu politischer Herrschaft ausstatten.[147] Die *Cambridge School* hat dieses Verständnis

---

[145] *Bellamy* (Fn. 31); in staatsbezogener Perspektive Kirchhof (Fn. 30); in kommunitaristischer *Joseph H. H. Weiler*, The State „über alles". Demos, Telos and the German Maastricht Decision, in: Ole Due / Marcus Lutter / Jürgen Schwarze (Hrsg.), Festschrift für Ulrich Everling. Bd. 2, Baden-Baden: Nomos 1995, 1651–1688; zur Debatte *Claudia Wiesner*, Demos or No Demos? Citizenship and Democracy in the EU, in: Lee Ward (Hrsg.), Cosmopolitanism and Its Discontents: Rethinking Politics in the Age of Brexit and Trump, Lexington: Lexington Books (2020), 219–236.

[146] *Philip Manow*, Ach, Europa – Ach, Demokratie, Merkur 66 (2012), 20–27 (26).

[147] *Gröschner* (Fn. 5), Rn. 36; *Sellers* (Fn. 5), 28 f., 38 f.

sogar als gemeinsame Verfassungstradition identifiziert.[148] Das ist mit Cicero vereinbar, der *populus* ohne kollektive Identität definiert, nämlich bloß als „die Ansammlung einer Menge, die in der Anerkennung des Rechtes und der Gemeinsamkeit des Nutzens vereinigt ist."[149] Kantisch formuliert: Die Republiken, aus denen sich die Republik der Republiken zusammensetzt, mögen sich als Völker und Nationen begreifen, die Republik selbst aber operiert demokratisch ohne dieses identitäre Moment.

Zur Vertiefung dieses Republikanismus sei gezeigt, dass die Faktizität des Unionsrechts sogar mit der Normativität des neokantianischen Republikanismus vermittelt werden kann, wie ihn Rainer Forst vertritt. Entscheidend ist dabei, dass Forst das Erfordernis von Selbstbestimmung aus dem Autonomiegedanken folgert.[150] Wie in Teil III.2. ausgeführt, wohnt jedem Akt der Union der Anspruch inne, den Prinzipien von Pluralismus, Nichtdiskriminierung, Toleranz, Gerechtigkeit, Solidarität und der Gleichheit von Frauen und Männern, Achtung der Menschenwürde, Freiheit, Demokratie, Gleichheit, Rechtsstaatlichkeit und Wahrung der Menschenrechte, einschließlich der Rechte der Personen, die Minderheiten angehören, zu genügen. Die Unionsorgane müssen jeden Akt im Lichte des Art. 2 EUV rechtfertigen können, in politischen Verfahren, in gerichtlichen Verfahren, in der Öffentlichkeit, letztlich gegenüber jeder betroffenen Person. Angesichts der Zen-

---

[148] Vgl. Nachweise in Fn. 25.
[149] *Marcus Tullius Cicero / Karl Büchner*, Der Staat. Lateinisch und Deutsch, München: Artemis & Winkler 1993, 52 ff.
[150] *Forst* (Fn. 11), 39 ff.

tralität des Rechtfertigungsgedankens in Forsts Werk[151] erscheint es mir plausibel, dass ein Akt, dem diese Rechtfertigung gelingt, wie ein Akt der Selbstbestimmung bewertet werden kann. Danach erscheint unionale Herrschaft im Lichte des neokantianischen Republikanismus legitim, soweit sie in einer evaluierenden Gesamtbetrachtung den zwölf Prinzipien des Art. 2 EU-Vertrag genügt.[152]

Auf dieser Spur lässt sich auch die bedeutende Rolle europäischer Gerichte mit republikanischem Denken vermitteln, das eine solche Rolle oft kritisch sieht.[153] Laut Forst bildet das Recht auf Rechtfertigung einen wesentlichen Baustein einer demokratischen Gesellschaft.[154] Dieses Recht wiederum verlangt eine unabhängige und unparteiliche Gerichtsbarkeit mit einem Mandat gestalterischer Konkretisierung, da die Prinzipien offen sind.

Eine solche Fortentwicklung des Republikanismus, die das Kriterium des Selbstgesetzgebung durch die Prinzipien des Art. 2 EUV ersetzt, stärkt ihn als politische Theo-

---

[151] *Rainer Forst*, Das Recht auf Rechtfertigung. Elemente einer konstruktivistischen Theorie der Gerechtigkeit, Frankfurt am Main: Suhrkamp 2007.

[152] In diesem Sinne auch *Skinner* (Fn. 25), 99.

[153] Zur Diskussion *Richard Bellamy*, Rights, Republicanism and Democracy, in: Andreas Niederberger/Philipp Schink (Hrsg.), Republican Democracy. Liberty, Law and Politics, Edinburgh: Edinburgh University Press 2013, 253–273; näher *von Bogdandy* (Fn. 7), 378–386.

[154] *Rainer Forst*, Das Recht auf Rechtfertigung. Elemente einer konstruktivistischen Theorie der Gerechtigkeit, Frankfurt am Main: Suhrkamp 2007; *ders.*, The Justification of Basic Rights: A Discourse-Theoretical Approach, Netherlands Journal of Legal Philosophy 45 (2016), 7–28 (8 ff.); *ders.*, The Nature of Human Rights, in: David Held/Pietro Maffettone (Hrsg.), Global Political Theory, Cambridge: John Wiley & Sons 2016, 22–39.

Renaissance des Republikanismus

Pierre-Antoine Demachy, Une exécution capitale, place de la Révolution, 1793.

rie. Denn er wird wirklichkeitstauglich für die europäische Gesellschaft. Weiter vermeidet dies das Dilemma, das eine republikanische Theorie die Union als undemokratisch deklarieren muss, obwohl sie auf demokratisch untadeligem Weg (Ratifikation von Art. 2, Art. 10 EUV durch die Parlamente aller Mitgliedstaaten) als demokratisch qualifiziert wurde. Nicht zuletzt vermeidet dies schon grundbegrifflich das Gewaltpotenzial, das in der Forderung von Selbstbestimmung angelegt ist. Viele Prozesse der Herausbildung selbstbewusster Kollektive waren blutig, wie die republikanische *Terreur* exemplarisch bezeugt.

Die *demos*-Enthaltsamkeit der europäischen Gesellschaft ist ein zivilisatorischer Fortschritt.[155] Honoré Dau-

---

[155] Dies ist der einzige grundsätzliche Punkt, in dem sich mein Verständnis von dem von Robert Schütze unterscheidet, *Schütze*

Honoré Daumier, La République, 1848.

miers martialische Allegorie der Republik sollte keine Bildikone des europäischen Republikanismus sein.

Des Weiteren erlaubt diese Fortentwicklung dem europäischen Republikanismus, konstruktiv die Ausbildung eines europäischen Verfassungsrechts zu begleiten.[156] Bis-

---

(Fn. 65). Ich halte es dabei für durchaus möglich, dass es, etwa in Folge einer Verschärfung der russischen Aggression oder auch nur eine weitere Steigerung der Sichtbarkeit europäischer Politik, zu Prozessen kommt, die als Bildung eines europäischen Volkes, eines europäischen Staats oder einer europäischen Nation gedeutet werden, näher *von Bogdandy* (Fn. 7), 69–78.

[156] Zu dieser Debatte *Sergio Dellavalle*, Una costituzione senza popolo? La Costituzione europea alla luce delle concezioni del popolo

lang ist ihm dies nicht möglich, insoweit er Verfassungsrecht an einen Akt kollektiver Selbstbestimmung anbindet, der Herrschaft in Selbstbestimmung transformiere.[157] Die oben entwickelte Vermittlung begegnet diesem Einwand und verbindet diesen Strang des Republikanismus mit demjenigen, der ohne revolutionäre Brüche auskommt und auf das eigentlich Entscheidende abstellt: Dass die Gehalte des republikanischen Manifests zu evolutionären Prozesse führen, die sie in den gesellschaftlichen Institutionen zur Geltung bringen.[158]

---

come „potere costituente", Mailand: Giuffrè 2002; *Markus Patberg*, Constituent Power in the European Union, Oxford: Oxford University Press 2020.

[157] *Christoph Möllers*, Verfassunggebende Gewalt – Verfassung – Konstitutionalisierung, in: Jürgen Bast/Armin von Bogdandy (Hrsg.), Europäisches Verfassungsrecht. Theoretische und dogmatische Grundzüge, Berlin, Heidelberg: Springer 2009, 227–277 (229 f.); ähnlich *Marco Dani/Agustin José Menéndez*, European Constitutional Imagination: A Whig Interpretation of the Process of European Integration?, iCourts Working Paper Series 243 (2021); *Möllers* hat seine Position inzwischen fortentwickelt, *Möllers* (Fn. 57), 20 ff.

[158] Vgl. etwa *Leonard Besselink*, The Notion and Nature of the European Constitution after the Lisbon Treaty, in: Jan Wouters/Luc Verhev/Philipp Kiiver (Hrsg.), European Constitutionalism beyond Lisbon, Antwerpen: Intersentia 2009, 261–281; *András Jakab*, European Constitutional Language, Cambridge: Cambridge University Press 2016; *José Martín y Pérez de Nanclares,* La Unión Europea como comunidad de valores. A vueltas con la crisis de la democracia y del Estado de Derecho, Teoría y Realidad Constitucional 43 (2019), 121–159 (insb. 129 f.); *Anne Peters*, Elemente einer Theorie der Verfassung Europas, Berlin: Duncker & Humblot 2001; *Jacques Ziller*, La naturaleza del derecho de la Unión Europea, in: José M. Beneyto/Jerónimo Maillo Gonzáles-Orús/Belén Becerril Atienza (Hrsg.), Tratado de derecho de la Unión Europea, Bd. 4: Las fuentes y principios del derecho de la Unión Europea, Madrid: Thomson Reuters Aranzadi 2011, 25–110.

Auch dies dient der Wirklichkeitstauglichkeit des Republikanismus. Es wird in der europäischen Gesellschaft zwar über vieles gestritten, aber kaum noch, ob die Begriffe des Art. 2 EUV, mit denen der Streit geführt wird, eine verfassungsrechtliche Qualität haben. Zudem begründen die EU-Verträge Hoheitsgewalt mit Legislative, Exekutive und Judikative, statuieren eine Normenhierarchie und legitimieren Rechtsakte, schaffen eine Bürgerschaft und eine Gesellschaft, gewähren Grundrechte und regeln das Verhältnis von Rechtsordnungen, von Hoheitsgewalt und Wirtschaft, von Recht und Politik. Der EuGH hat seinen funktionalen Konstitutionalismus inzwischen durch eine genuin verfassungsrechtliche Linie ergänzt, ja überschrieben (III.3.).

Dieser Schritt ist durchaus mit Intuition kompatibel, dass das Verfassungsrecht der Union *irgendwie* nicht vollständig dem entspricht, was man in einem republikanisch geprägten Horizont unter einer *Verfassung* verstehen möchte.[159] Die Rechtslage spiegelt vielmehr diese Intuition: Die Verträge sind eben Verträge und keine Verfassung. Ausweislich Art. 1 Abs. 2 EUV sind die Unionsverträge auch in der Lissaboner Fassung eine bloße Stufe einer unabgeschlossenen (13. Erwägungsgrund der Präambel des EUV) Integration. Deshalb sollte man nur von *Verfassungsrecht*, *Verfassungskern*, *Verfassungsorganen* sprechen, nicht aber von einer unionalen *Verfassung* als solcher. Der Begriff *Unionsverfassung* bleibt so ein seman-

---

[159] Etwa im Sinne Volkmanns „Bürgerverfassung", *Uwe Volkmann*, Grundzüge einer Verfassungslehre der Bundesrepublik Deutschland, Tübingen: Mohr Siebeck 2013, 95f. Lichtvoll auch *Schütze* (Fn. 65), 2 ff.

tischer Marker für den Schritt auf eine weitere Stufe, die als Gründung einer europäischen Republik verstanden, ja zelebriert werden könnte. Ein rechtwissenschaftlicher Republikanismus kommt ohne eine solche europäische Republik aus.

2. *Republikanische Gesinnung*

Die Ikonographie des Republikanismus ist reich an Darstellungen von Bürgern, die selbstlos und tugendhaft der gemeinsamen Sache dienen, und viele republikanische Theorien zielen auf eine entsprechende Gesinnung. Dass die Erste Republik in Deutschland wie in Österreich Republiken mit hervorragenden republikanischen Verfassungen und mangelhafter republikanischer Gesinnung waren, ist die bekannteste Formel ihrer Bedeutung wie ihres Scheiterns.[160] Diese Sorge ist seit Cicero dem Republikanismus eingeschrieben und weltweit verbreitet.[161] Der Impetus gilt auch für die Rechtswissenschaften: So führt ein wichtiges italienisches Forum des Verfassungsrechts sogar *Delacroix' Liberté* als Logo.[162]

Mit diesem Anliegen republikanischer Gesinnung leistet der Republikanismus einen spezifischen Beitrag zum Nachdenken über die erste aller Grundlagen des öffent-

---

[160] Wohl als erster *Friedrich Austerlitz*, Republik ohne Republikaner, Arbeiter-Zeitung. Zentralorgan der Deutschen Sozialdemokratie in Österreich, 24. November 1918, 1 f.
[161] *Schofield* (Fn. 120), 147 ff.; vgl. weiter etwa *Lilia M. Schwarcz/ Heloisa M. Starling*, Brazil. A Biography, London: Allen Lane 2018, xviii, xxiv, 582.
[162] <https://www.costituzionalismo.it/>, letzter Zugriff 15.04.2024.

Armin von Bogdandy

Eugène Delacroix, La Liberté guidant le peuple, 1830.

lichen Rechts: Dem, was die soziale Welt im Innersten zusammenhält.[163]

Republikanische Gesinnung meint Loyalität, Tugendhaftigkeit, Pflichtbewusstsein.[164] Das bereichert gängige Diskussionen über kollektive Identität oder gesellschaftliche Werte. Republikanische Theorien machen den plau-

---

[163] Dies erklärt die Prominenz des Böckenförde-Diktums (Fn. 46) in unserem Fach.

[164] Aus einer Fülle von Studien *Michael J. Sandel*, Liberalismus oder Republikanismus. Von der Notwendigkeit der Bürgertugend, Passagen-Verlag: Wien 1995; das geht bis in die Popkultur, *Andreas Dörner*, Medien als politische Identitätsgeneratoren. Zur Inszenierung des Republikanismus in der amerikanischen Medienkultur, Politische Vierteljahresschrift 39 (1998), 3–27, etwa in der Episode *Mr. Lisa Goes to Washington* der Zeichentrickserie *The Simpsons*, 13 ff.

siblen Punkt, dass Identität oder Werte gesellschaftliche Wirksamkeit erst erlangen und als Grundlage des öffentlichen Rechts nur dienen, wenn sie handlungsleitend werden. Um diese praktische Dimension sollten sich auch Werte- und Identitätstheorie stärker kümmern.

Bedeutende republikanische Theorien zielen dabei allerdings auf Menschen, die sich über den Gesetzesgehorsam hinaus der gemeinsamen Sache, der *res publica*, verschreiben. Eine solche Gesinnung gilt ihnen als die solideste aller Grundlagen und zugleich als Formel eines gelingenden Lebens.[165] Davids *Serment des Horaces* ist dafür eine Kulturikone.

Ich möchte an dieser Stelle nicht die verzweigte Debatte zur republikanischen Gesinnung verfolgen, sondern nur, was sie zu unserer Frage nach einer europäischen Renaissance des Republikanismus sagt. Auf den ersten Blick drängt sich die Antwort auf, die Larry Siedentop gibt, indem er sein Buch *Democracy in Europe* in den *Serment des Horaces* kleidet: Wenn Republikanismus verlangt, für die gemeinsame Sache nach der Waffe zu drängen und dem Tod heroisch ins Auge zu blicken, ist es schlichtweg abwegig, die Europäische Union republikanisch zu deuten. Kaum jemand wird behaupten, es gebe als ein relevantes gesellschaftliches Phänomen europäische republikanische Gesinnung im Sinne des *Serment* Davids. Ebenso wenig beherrschen Bürgerinnen und Bürger im Sinne Hannah Arendts das Brüsseler Treiben.[166] Aber eine solche Gesin-

---

[165] Vgl. nur *Hannah Arendt*, Vita Activa oder Vom tätigen Leben (1958/1960), München: Piper 2002.
[166] Ironisch dazu in Romanform *Robert Menasse*, Die Hauptstadt, Berlin: Suhrkamp 2017.

nung ist auch in vielen Gesellschaften kaum vorhanden, wenn man einer verbreiteten Klage trauen darf. Sind deshalb diese Gesellschaften prekär, ja zum Scheitern verurteilt? Entsprechende Auffassungen erscheinen mir mehr als ein weltanschauliches Postulat denn als eine gesicherte Erkenntnis.[167]

Dass erfolgreiche Vergesellschaftung ohne republikanische Gesinnung im Sinne Arendts und Davids möglich ist, zeigt just die Europäische Union: Das Unionsverfassungsrecht in der Lissaboner Gestalt hat sich als ein stabiler und leistungsfähiger Ordnungsrahmen erwiesen, gerade in den Krisen der letzten anderthalb Dekaden. Viele erwarteten in der Staatsschuldenkrise und der Flüchtlingskrise der 2010er Jahre, nach dem Brexit-Referendum, angesichts autoritärer Tendenzen in einigen Mitgliedstaaten, der Pandemie, des Ukrainekriegs ... eines: Desintegration.[168] Jedoch vermochte die Union stets eine Antwort zu entwickeln, die, bei allen Defiziten, eben das war: eine europäische Antwort. In diesem Prozess ist das durch den EU-Vertrag, die Grundrechtecharta und den

---

[167] Vgl. nur *Friedhelm Neidhardt*, Formen und Funktionen gesellschaftlichen Grundkonsenses, in: Gunnar Folke Schuppert / Christian Bumke (Hrsg.), Bundesverfassungsgericht und gesellschaftlicher Grundkonsens, Baden-Baden: Nomos 2000, 15–30 (16 f., 26 f.); zur verwandten Frage des Rechtsgehorsams *Patrick Hilbert / Jochen Rauber*, Fragen der Rechtsbefolgung – Eine Einführung, in: Patrick Hilbert / Jochen Rauber (Hrsg.), Warum befolgen wir Recht? Rechtsverbindlichkeit und Rechtsbefolgung in interdisziplinärer Perspektive, Tübingen: Mohr Siebeck 2019, 1–20 (13 ff.).
[168] Zur Übersicht *Jörn Axel Kämmerer / Markus Kotzur / Jacques Ziller* (Hrsg.), Integration und Desintegration in Europa, Baden-Baden: Nomos 2019; *Hans Vollaard*, European Disintegration: A Search for Explanations, London, Utrecht: Palgrave Macmillan 2018; *van Middelaar* (Fn. 8).

AEU-Vertrag konstituierte Gemeinwesen immer mehr zum Gravitationszentrum europäischer politischer und rechtlicher Ordnung geworden. Eben deshalb beschäftigt heute die Frage nach einem europäischen Republikanismus nicht nur die politische Theorie, sondern dient juristischer Interpretation und rechtswissenschaftlicher Rekonstruktion.

Dass ein europäischer Republikanismus ohne europäische Republikanerinnen und Republikaner im Sinne Arendts oder Davids plausibel ist, zeigt Hermann Heller, ein republikanischer Verfassungsrechtler, der dem Bundesverfassungsgericht eine Autorität für Fragen des sozialen Zusammenhalts ist.[169] Die Weimarer Republik, so Heller, hing an einem Faden. Das war nicht die republikanische Gesinnung, sondern, so Heller in der Diktion jener Jahre, dass die herrschenden Klassen der Arbeiterklasse ermöglichten, in den Verfahren und unter den Prinzipien der Reichsverfassung ihre Lage zu verbessern.[170] Damit lag er nah beim solidarischen Republikanismus des französischen Radikalismus.[171]

---

[169] BVerfGE 89, 155, 196; zum Republikanismus Hellers *Marcus Llanque*, Politik und republikanisches Denken: Hermann Heller, in: Hans J. Lietzmann (Hrsg.), Moderne Politik: Politikverständnisse im 20. Jahrhundert, Wiesbaden: VS Verlag für Sozialwissenschaften 2001, 37-61.
[170] Zu diesem Nexus von demokratischer Stabilität und materieller Lage *Daron Acemoglu / James A. Robinson*, Why Nations Fail. The Origins of Power, Prosperity and Poverty, London: Profile Books 2013.
[171] Ohne dies aber so zu konzipieren; zum blassen Weimarer Republikbegriff *Emanuel Richter*, 6.3 Republik, in: Rüdiger Voigt (Hrsg.), Aufbruch zur Demokratie: Die Weimarer Reichsverfassung als Bauplan für eine demokratische Republik, Baden-Baden: Nomos 2020, 159-170.

Mehr noch. Bereits 1928, also vor der Katastrophe des Zweiten Weltkriegs, taucht bei Heller ein europäischer Republikanismus auf, wenn er schreibt, „daß im Nachkriegseuropa der Gedanke des souveränen Nationalstaats bei allen Klassen sehr viel an Überzeugungskraft eingebüßt hat. Der herrschenden Klasse selbst ist die Frage höchst problematisch geworden, ob der heutige Nationalstaat der Selbsterhaltung der Nation besser dient als ein europäischer Bundesstaat. Sehr bald wird sich auch aus diesem Grunde die nationale Idee als ungenügend erweisen, die demokratische Einheitsbildung zu legitimieren."[172] Eine europäische Föderation kann, so lautet also Hellers Kernargument, stabil sein, wenn sie demokratisch *soziale* Rechtsstaatlichkeit verwirklicht.[173] Das liegt ziemlich nah bei dem, was der europäische Vertragsgesetzgeber im Zusammengehen christdemokratischer, liberaler und sozialistischer Traditionen (III.1.) nach der Erfahrung des Faschismus, des Nationalsozialismus, des iberischen und griechischen Autoritarismus sowie des Sowjetkommunismus in Art. 2 EUV als Grundprinzipien niederlegt und der Union in Art. 3 EUV zu verwirklichen aufgibt.

---

[172] *Hermann Heller*, Politische Demokratie und soziale Homogenität (1928), in: Martin Drath / Christoph Müller (Hrsg.), Gesammelte Schriften. Bd. 2, Leiden: Sijthoff 1971, 421–434 (433). Zum Kontext *Andreas Osiander*, Missionare oder Analytiker? Versuch einer Neubewertung der „idealistischen" Schule in der Lehre von den internationalen Beziehungen, in: Jens Steffek / Leonie Holthaus (Hrsg.), Jenseits der Anarchie. Weltordnungsentwürfe im frühen 20. Jahrhundert, Frankfurt am Main, New York: Campus Verlag 2014, 25–72.

[173] *Hermann Heller*, Rechtsstaat oder Diktatur?, Tübingen: Mohr Siebeck 1930, 9, 26.

Republikanische Gesinnung als unerlässliche Voraussetzung ist daher ein Theorem, das den Republikanismus ohne Not wirklichkeitsfern werden lässt, insofern es mehr verlangt als die Rechtschaffenheit aller, staatsbürgerlichen Unterricht[174] und ein Amtsethos der Amtsträger. Es wird zudem gefährlich, wenn Recht auf Gesinnung rekurriert,[175] wenn Rechtswissenschaft und Tugendlehre verfließen, wenn eine Tugend zur Norm, ein Idealzustand zum Maßstab wird, oder wenn gar der Republikanismus eine religiöse Dimension gewinnt.

Zugleich erscheinen mir republikanische Theorien plausibel, die auf eine Mobilisierung für die gemeinsame Sache zielen, nicht in Ersetzung, wohl aber Ergänzung repräsentativer Institutionen, auf den Gebrauch öffentlicher Freiheit, auf lebendige öffentliche Diskussionen, auf zivilgesellschaftliches Engagement, auf eine starke Opposition, auf effektivere Strukturen politischer und rechtlicher Verantwortlichkeit, auf mehr Solidarität.[176] Man sollte in juristischen Kontexten für einen nützlichen Republikbegriff auf solche Gelegenheitsstrukturen rechtsförmiger Mobilisierung abstellen, nicht auf Gesinnung.

Solche Strukturen haben in den Unionsverträgen solide Grundlagen, beginnend mit Art. 1 Abs. 2 EUV, und in der

---

[174] *Kris Grimonprez*, The European Union and Education for Democratic Citizenship. Legal Foundations for EU Learning at School, Baden-Baden: Nomos 2020.

[175] Dieser Punkt ist geradezu der Witz von Böckenfördes Diktum (Fn. 46); zu seiner Kritik des Radikalenerlasses von 1972 siehe *Ernst-Wolfgang Böckenförde*, Der Staat als sittlicher Staat, Berlin: Duncker & Humblot 1978, insb. 26–30.

[176] *Frankenberg* (Fn. 23), 32 ff., 133 ff., 213 ff.; *Pettit* (Fn. 25), 129 ff.; *Thiel* (Fn. 48), 240 ff.; *Somek / Paar* (Fn. 18), § 9.

Unionspraxis wachsende Bedeutung. Die Vollpolitisierung der Union generiert vieles, das sich als eine europäische Renaissance des Republikanismus deuten lässt. Sie transformiert den Sinnhorizont bürgerschaftlichen Handelns, denn sie involviert die Bürgerinnen und Bürger als Unionsbürgerinnen und -bürger. In der Öffentlichkeit erscheinen inzwischen viele soziale Konflikte als europäische Konflikte. Sie sind europäisch, weil ihre Themen Menschen überall in der europäischen Gesellschaft etwas angehen, weil es um *europäische* Rechte, *europäische* Demokratie, *europäische* Rechtsstaatlichkeit oder *europäische* Solidarität geht. Dass dabei die konkrete Bedeutung dieser Begriffe umstritten ist, stärkt ihre Sichtbarkeit und Mobilisierungskraft.[177] Damit die Gelegenheitsstrukturen rechtsförmiger Mobilisierung republikanische Wirksamkeit erlangen, braucht es vor allem eines: ein republikanisches Forum.

3. Republikanisches Forum

Jeder Republikanismus verlangt ein Forum, eine Agora, einen öffentlichen Raum, in dem die Bürgerinnen und Bürger frei interagieren.[178] Ein solcher Raum kommunikativer Vergesellschaftung, hat, *qua* Freiheitsverwirk-

---

[177] Zur europäischen konflikthaften Vergesellschaftung in Anschluss an Georg Simmel *Börner/Carlson* (Fn. 72), 188–190.
[178] *Angelika Siehr*, Das Recht am öffentlichen Raum. Theorie des öffentlichen Raumes und die räumliche Dimension von Freiheit, Tübingen: Mohr Siebeck 2016, insb. 132 ff., 241 ff.; zur Ausbildung eines europäischen Territoriums *Jürgen Bast*, Völker- und unionsrechtliche Anstöße zur Entterritorialisierung des Rechts, Veröffentlichungen der Vereinigung der Deutschen Staatsrechtslehrer 76 (2017), 277–314.

Renaissance des Republikanismus

Leo von Klenze, Idealised view of the Akropolis and the Areopag in Athens, 1846.

lichung, intrinsischen Wert, ist aber auch unerlässlich zur Bestimmung des Gemeinwohls. Anhand dieses Theorems seien zwei Herausforderungen eines europäischen Republikanismus diskutiert: erstens das angebliche Fehlen eines solchen europäischen Raums und zweitens private Unternehmen, die virtuelle Räume kontrollieren, in denen sich viele Menschen austauschen, aber auch radikalisieren. Erneut lassen sich wichtige Entwicklungen als eine Renaissance des Republikanismus deuten.

Die Behauptung, es fehle eine europäische Öffentlichkeit (oder, synonym, ein solcher Raum), wird oft gegen den demokratischen und umso mehr republikanischen Charakter der Union vorgebracht.[179] Sie mag bis an die

---

[179] Vgl. in republikanischer Tradition *Grimm* (Fn. 20), 587 ff.; zuletzt *Dieter Grimm*, Staat und Verfassung vor 60 Jahren und heute, in: Sebastian Bretthauer / Christina Henrich / Berit Völzmann / Leonard

Schwelle des neuen Jahrhunderts plausibel gewesen sein. Betrachtet man die heutigen Kommunikationsprozesse in der europäischen Gesellschaft, so gibt es inzwischen solide Grundlagen für die Annahme europäischer öffentlicher Räume, die aufgrund ihrer Verbindungen einen europäischen öffentlichen Raum bilden.[180] Der Plural *Räume* mag traditionelle Verständnisse von Öffentlichkeit irritieren, erscheint aber als zweckmäßig angesichts der gesellschaftlichen Komplexität, auf der europäischen wie der nationalen Ebene.

Ein öffentlicher Raum ist hier verstanden als ein kommunikativer Zusammenhang, in dem Akteure ein umstrittenes Thema vor dem betroffenen Publikum behandeln, um es einer kollektiv verbindlichen Entscheidung zuzuführen. In der europäischen Gesellschaft bilden sich solche Räume vor allem aus der Europäisierung nationaler öffentlicher Räume und deren Verbindung, wie man es auch von anderen Phänomenen kennt: Der Europäische Rat europäisiert und verbindet die nationalen Regierungsspitzen, das Unionsrecht europäisiert und

---

Wolckenhaar/Sören Zimmermann (Hrsg.), Wandlungen im Öffentlichen Recht. Festschrift zu 60 Jahren Assistententagung – Junge Tagung Öffentliches Recht, Baden-Baden: Nomos 2020, 95–112; in staatszentrierter Tradition *Udo Di Fabio*, Der neue Art. 23 des Grundgesetzes. Positivierung vollzogenenen Verfassungswandels oder Verfassungsneuschöpfung?, Der Staat 32 (1993), 191–217 (203 ff.).

[180] *Thomas Risse*, European public spheres, the polizicization of EU affairs, and its consequences, in: Thomas Risse (Hrsg.), European Public Spheres. Politics Is Back, Cambridge: Cambridge University Press 2015, 141–163; *van Middelaar* (Fn. 8), 15; *Patrick Hilbert*, Die Informationsfunktion von Parlamenten. Zugleich ein Beitrag zur demokratischen Bedeutung des Europäischen Parlaments, Tübingen: Mohr Siebeck 2022, 422.

verbindet die mitgliedstaatlichen Rechtsordnungen, die Unionsgerichtsbarkeit europäisiert und verbindet die nationalen Gerichte in einem Gerichtsverbund.

Für die Bildung eines europäischen öffentlichen Raums bedarf es dreierlei. Es braucht, erstens, ein mobilisierendes, also umstrittenes Thema, das einer kollektiv verbindlichen Entscheidung zugeführt werden soll und Menschen in unterschiedlichen Mitgliedstaaten betrifft. Ein solcher Raum verlangt, zweitens, Akteure und Publikum aus unterschiedlichen EU-Mitgliedstaaten in einem darauf ausgerichteten kommunikativen Zusammenhang. Und, drittens, braucht es einen gemeinsamen Bezugsrahmen.[181] Soziologisch spricht man auch von einem gemeinsamen *frame*,[182] philosophisch von einer gemeinsamen Welt.[183]

Essentiell für die Emergenz eines europäischen öffentlichen Raums waren die bereits mehrfach erwähnten europäischen Krisen. Man kann europäische öffentliche Räume aber heute auch bei normaler Politik beobachten, beim „Aus des Verbrenners", bei der Qualifizierung der Kernenergie als „grüner" Energie, bei der Grenzsicherung am Evros, um nur einige derzeit diskutierte Beispiele zu nennen. Soweit es sich um unterschiedliche Räume handelt, ist es aus republikanischer Sicht entscheidend, dass diese Räume (Öffentlichkeiten) im Lichte des *einen* Gemeinwohls und so in einem gemeinsamen Raum interagieren.

---

[181] *Risse*, Introduction, in: ders. (Fn. 180), 10 f.
[182] Zu dem Begriff *Rens Vliegenthart / Liesbet van Zoonen*, Power to the Frame. Bringing Sociology Back to Frame Analysis, European Journal of Communication 26 (2011), 101–115.
[183] So auf den Spuren Hannah Arendts *Somek / Paar* (Fn. 18), § 12.

Dafür bietet in der europäischen Gesellschaft der Europäische Rat die ultimative institutionelle Vorkehrung. Seine elementare Funktion ist, die drängendsten strittigen Themen oft durch ihre Verknüpfung einer Lösung zuzuführen, als *crisis manager, impasse-braker, strategist, shaper* und *collective head of state*.[184] Er tut dies, entscheidend an dieser Stelle, unter allgemeiner Beobachtung und schafft so massenmediale Öffentlichkeit. Seine Tagungen zählen zu den wichtigsten europäischen Medienereignissen. Diese Aufmerksamkeit ist kein Spin: die einschlägige Forschung erklärt den Europäischen Rat zum „obersten Entscheider".[185]

Öffentliche Räume werden typischerweise anhand von Massenmedien untersucht. Es gibt aber auch weitere öffentliche Räume. Im Folgenden geht es um die uns spezifische Öffentlichkeit in juristischen Fachzeitschriften und auf ebensolchen Blogs. In solchen Medien können wir mit unseren Theorien und Methoden, also rechtswissenschaftlich, europäische öffentliche Räume beobachten, ihre Entstehung, Strukturen, Probleme und Potenziale.

Diese *Publikations*medien eröffnen Räume, die auf kollektive Entscheidungen abzielen, weil Rechtswissenschaftler und Rechtswissenschaftlerinnen (Akteure einer *praktischen* Wissenschaft) nicht nur rechtliche Phänomene von außen beschreiben, sondern oft von innen gestaltend auf

---

[184] *Luuk von Middelaar / Uwe Puetter*, The European Council: The Union's Supreme Decision Maker, in: Dermot Hodson / Uwe Puetter / Sabine Saurugger / John Peterson (Hrsg.), The Institutions of the European Union, Oxford: Oxford University Press 2022, 51–77 (66 ff.).

[185] Ebd., 51.

Entscheidungsprozesse einwirken.[186] Sie prägen und verwalten die tragenden Begriffe und Prinzipien, erklären, legitimieren rechtliche und politische Strukturen, inspirieren, begleiten, kritisieren die Rechtsentwicklung, formen den juristischen Nachwuchs. Sie propagieren ihre Begriffe, Lehren, Theorien in *Publikationen*, aber auch als Rechtsbeistand, als Experten in politischen Prozessen oder gar in Urteilen, die sie für ihr Gericht mit professoraler Feder schreiben. All das steht in einer Fachöffentlichkeit, die mit anderen öffentlichen Räumen verbunden ist. Mit der Europäisierung unseres Wirkens stärken wir europäische öffentliche Räume.

Viele Rechtswissenschaftler publizieren heute in Zeitschriften, die europäische Foren öffentlich-rechtlicher Fragen bilden: in der *Common Market Law Review*, der *European Constitutional Law Review*, dem *European Law Journal*, dem *International Journal of Public Law*, dem *German Law Journal* oder *European Law Online*.[187] Sie bilden einen europäischen öffentlichen Raum: Die Zeitschriften veröffentlichen Beiträge zur Gestaltung, Auslegung oder Kritik kollektiv verbindlicher Entscheidungen, die Menschen in mehreren Mitgliedstaaten betreffen. Das Publikum ist ein europäisches, und die Akteure (Au-

---

[186] Ich entnehme dies *von Bogdandy* (Fn. 7), 423 ff.
[187] Oft ist das politisch gewollt. Sogar die polnische nationalkonservative Regierung gestaltete 2019 das Anreizsystem entsprechend um, siehe dazu das polnische Ministerium für Wissenschaft und Hochschulwesen (Ministerstwo Nauki i Szkolnictwa Wyższego), abrufbar unter <https://www.gov.pl/web/nauka/nowe-rozszerzon e-wykazy-czasopism-naukowych-i-recenzowanych-materialow-z-k onferencji-miedzynarodowych-oraz-wydawnictw-monografii-nauk owych>, letzter Zugriff 22.01.2024.

toren) sind schon deshalb europäisiert, weil sie ihre Texte in ein europäisches *frame* stellen: Wer nur seine Landsleute von heimischen Universitäten zitiert, wird kaum in diese Öffentlichkeit gelangen. Solche Beiträge situieren sich in einer europäischen Diskussionslandschaft, die eine *gemeinsame Welt* im Sinne Arendts bildet.[188] Natürlich gibt es Probleme in der europäischen rechtswissenschaftlichen Diskussionslandschaft (Vermachtung, blinde Flecken, Asymmetrien), die aus nationalen Öffentlichkeiten bekannt sind.[189]

Noch dynamischer bilden sich europäische öffentliche Räume dank öffentlich-rechtlicher Blogs wie I•*CONnect*, EJIL: Talk!, *Strasbourg Observers* und insbesondere *Verfassungsblog*. Denn ein typischer Blogbeitrag bezieht zu einem kontroversen Thema eine dezidierte Stellung,[190] was dem agonistischen Moment öffentlicher Räume entspricht. Er ist knapp, erscheint in engem Zusammenhang mit dem Ereignis und trifft so auf öffentliches Interesse. Er reagiert fast so schnell wie die Massenmedien, kommt aber von Personen, die über höhere Fachautorität verfügen. So haben wir heute knappe, prägnante und aktuelle rechtswissenschaftliche Positionierungen zu konflikthaften Themen von europäischem Interesse auf europaweit verfolgten Plattformen. Damit beleben die nationalen

---

[188] Eine gemeinsame Welt in Sinne Arendts verlangt keinen Gleichklang der Wahrnehmungen und Ansichten (Homogenität), näher *Somek/Paar* (Fn. 18).

[189] Wegweisend *Jürgen Habermas*, Strukturwandel der Öffentlichkeit. Untersuchungen zu einer Kategorie der bürgerlichen Gesellschaft, Neuwied, Berlin: Luchterhand 1962.

[190] *Max Steinbeis*, „Wie man einen Blogpost schreibt. Das Wichtigste ist eine klare, scharfe These", Verfassungsblog v. 10.06.2023.

Werkstätten des öffentlichen Rechts europäische öffentliche Räume.

Für die europäische Renaissance des Republikanismus erscheint mir das Geschehen auf *Verfassungsblog* besonders relevant. Auf diesem Forum haben viele Beiträge mitteleuropäische Verfassungsentwicklungen kritisiert, ja skandalisiert. Beobachtende Teilnahme in diversen europäischen Zirkeln sagt mir, dass diese Beiträge zur Mobilisierung der europäischen Institutionen beigetragen haben (III.3.). Alexander Somek und Elisabeth Paar zeigen detailliert, wie dieses Engagement einen europäischen öffentlichen Raum erzeugt und zugleich zu einer problematischen Politisierung der Rechtswissenschaft beigetragen hat.[191] Letzteres ließe sich mindern, wenn die Texte deutlicher auswiesen, wo sie wissenschaftlich und wo sie politisch-weltanschaulich argumentieren, wo sie also die Wissenschaftsfreiheit und wo die Freiheit politischer Rede in Anspruch nehmen.[192] So schwierig es sein mag, einzelne Passagen eines Textes entsprechend zuzuordnen, so nötig erscheint mir, diese Unterscheidung im Auge zu haben und auszuweisen. Nur so bleibt der europäische öffentliche Raum der Rechtswissenschaft von dem der politischen Auseinandersetzung unterscheidbar, was

---

[191] *Somek / Paar* (Fn. 18), § 21; in Auseinandersetzung mit *Jan Komárek*, Freedom and Power of European Constitutional Scholarship, European Constitutional Law Review 17 (2021), 422–441.

[192] Dazu *Armin von Bogdandy / Kanad Bagchi*, European Choices on Protecting Academic Freedom. On the relationship between illiberal governments, liberal academics, and economic globalization, Forschung 15 (2022), 70–74. Anders *Maurizio Viroli*, Republicanism, New York: Hill and Wing 2002, 18 f., der allen Republikanismus als Rhetorik begreift.

elementar für freiheitliche und ausdifferenzierte Gesellschaften ist.[193]

Die bestehenden europäischen öffentlichen Räume zum europäischen öffentlichen Recht sind nicht zu verklären. Auch über das Problem der Politisierung hinaus sind sie nicht ideal: Man kann viele Asymmetrien beobachten, ungeachtet der Inklusionsbemühungen vieler Redaktionen. Doch nicht dies ist hier das Thema. Hier kommt es allein darauf an, die Entstehung europäischer rechtswissenschaftlicher Räume als Aspekt der europäischen Renaissance des Republikanismus auszuweisen.

Die europäischen öffentlichen Räume florieren dank der digitalen Revolution. Die ursprünglichen Hoffnungen, die neuen Medien würden demokratische Vergesellschaftung voranbringen, waren also nicht völlig unbegründet. Gleichwohl hat die digitale Revolution viele Hoffnungen enttäuscht.[194] Heute erscheinen I•CONnect, EJIL: Talk!, *Verfassungsblog* oder *Wikipedia* vielen als die Ausnahmen in einer insgesamt ungemein problematischen Entwicklung,[195] wonach die Annahme einer Renaissance des Re-

---

[193] *Weber* (Fn. 14), 156 f.
[194] Besonders offensichtlich ist der Umschlag in arabischen Ländern, vgl. *Rainer Grote / Tilmann Röder*, Constitutionalism in Islamic Countries: Between Upheaval and Continuity, Oxford: Oxford University Press 2012; und dann vier Jahre später *Rainer Grote / Tilmann Röder*, Constitutionalism, Human Rights, and Islam after the Arab Spring, Oxford: Oxford University Press 2016.
[195] Diese Enttäuschungen zusammenfassend *Jürgen Habermas*, Ein neuer Strukturwandel der Öffentlichkeit und die deliberative Politik, Frankfurt am Main: Suhrkamp 2022; differenzierter sind die Erkenntnisse der empirischen Kommunikationsforschung, siehe *Philipp Lorenz-Spree / Lisa Oswald / Stephan Lewandowsky / Ralph Hertwig*, A Systematic Review of Worldwide Causal and Corre-

publikanismus schon deshalb hinfällig sein könnte, weil es keine gemeinsame Sache, keine *res publica*, mehr gibt. Diese Sorge begründen vor allem digitale Kommunikationsräume, weil sie in der Hand privater Konzerne sind und oft spalten statt zusammenführen. Damit wankt die gemeinsame Sache ebenso wie der Primat des Öffentlichen gegenüber dem Privaten, eine Kernforderung des Republikanismus.[196]

Wenige Fragen bewegen die europäische Gesellschaft wie die nach der Zukunft der europäischen Werte im Zeitalter der Digitalisierung.[197] In diesem Beitrag geht es allein darum, ob im Zuge der europäischen Integration eine europäische Renaissance des Republikanismus beobachten werden kann. Das schien zunächst kaum der Fall zu sein, denn die Union verfolgte ein dezidiert liberales Modell im Umgang mit den sozialen Medien, ähnlich den Vereinigten Staaten von Amerika. Dann aber ist sie auf einen Ansatz umgeschwenkt, den viele als verfassungsrechtlich begreifen[198] und der genauso gut als republikanisch gelten kann. Denn er zielt darauf ab, die öffentliche Gewalt der Union und ihrer Mitgliedstaaten dafür zu mobilisieren, dass die Unternehmen den Grund-

---

lational Evidence on Digital Media and Democracy, Nature Human Behaviour 7 (2023), 74–101 (78–80).
[196] *Gröschner* (Fn. 5), Rn. 20.
[197] Ausführlich *Heger/Kirchner* (Fn. 72); speziell zur Rechtswissenschaft *Laura Hering/Raffaela Kunz*, Strukturwandel der rechtswissenschaftlichen Wissensproduktion – Rechtsempirische Analyse gerichtlicher Verweise auf Blogs in der Corona-Pandemie –, RuZ – Recht und Zugang 4 (2023), 48–66.
[198] *Giovanni de Gregorio*, The Rise of Digital Constitutionalism in the European Union, International Journal of Constitutional Law 19 (2021), 41–70.

rechten in ihren privaten wie öffentlichen Dimensionen zur Wirksamkeit verhelfen. Wenngleich es keineswegs gesichert erscheint, dass der Republikanismus im digitalen Zeitalter eine Chance hat, so erscheint es doch plausibel, dass die Chance dafür in der europäischen Gesellschaft dank der Union besser steht als in den meisten anderen Gesellschaften.

V. Folgerungen

Meine Ausführungen zeigen, dass man viele Entwicklungen im europäischen Verfassungsrecht als eine Renaissance des Republikanismus deuten kann. Wir, die deutschen Staatsrechtslehrerinnen und -lehrer, können diese Renaissance rechtswissenschaftlich vorantreiben. Zunächst können, ja sollten wir aufzeigen, wie man mit dem europäischen Verfassungskern Auslegung und Dogmatik neu ausrichten und im Lichte aktueller Herausforderungen voranbringen kann. Weiter können und sollten wir die Rolle der europäischen Solidarität und die des Konflikts zwischen dem EuGH und den nationalen Gerichten umkehren. Die Solidarität sollte eine primäre, der Konflikt eine sekundäre Rolle spielen. Um dies vorzubereiten, sollten wir den föderalistischen Ansatz föderalistisch-republikanisch weiterentwickeln und die Grenzen zu den liberalen und staatszentrierten Ansätzen entsprechend ziehen. Dazu wird es hilfreich sein, die vergleichende Perspektive zu erweitern: Verfassungssysteme mit starken republikanischen Traditionen, wie Frankreich, Italien und Polen, sollten stärker Beachtung finden. Insgesamt soll das Theorem (Narrativ) der rechtlichen

Revolution[199] in das einer republikanischen *Evolution* eingebettet werden.

Das hier entwickelte theoretische Verständnis des Unionsrecht beansprucht also Relevanz für die rechtspraktische und dogmatische Arbeit, so dass auf diesem Weg sein rekonstruktives und transformative Potenzial wirklichkeitsmächtig wird. Dieser Prozess muss selbstredend den Regeln rechtspraktischen und dogmatischen Arbeitens genügen. Das verlangt insbesondere, die einzelnen Schritte weit intensiver in rechtlichen Daten abzusichern, als dies bei Ausführungen zu den Grundlagen erforderlich ist.

Der positivrechtliche Ausgangspunkt solcher rechtspraktischer und dogmatischer Arbeit findet sich in Art. 1, Art. 2 und Art. 3 Abs. 1 EUV, da sie als Kern des europäischen Verfassungsrechts auf die gesamte Unionsrechtsordnung ausstrahlen.[200] Das republikanische Manifest des Art. 2 EUV ist besonders systemprägend, da seine Prinzipien die europäische Gesellschaft „auszeichnen".[201] Der Gerichtshof betont seit 2008, dass keine Bestimmung des Primärrechts eine Abweichung von diesen Grund-

---

[199] *Joseph H. H. Weiler*, A Quiet Revolution: The European Court of Justice and its Interlocutors, Comparative Political Studies 26 (1994), 510–534; *Morten Rasmussen*, Revolutionizing European Law. A History of the Van Gend en Loos Judgment, International Journal of Constitutional Law 12 (2014), 136–163.
[200] Hierzu die Beiträge von *Jelena von Achenbach, Philipp Dann, Anusheh Farahat, Claudio Franzius, Matthias Goldmann, Michael Ioannidis, Stefan Kadelbach, Karen Kaiser, Christoph Krenn, Anna-Katharina Mangold, Christoph Möllers, Mehrdad Payandeh, Giacomo Rugge, Robert Schütze, Ferdinand Weber* und *Mattias Wendel* in: Bast / von Bogdandy (Fn. 93).
[201] Früh *Hélène Gaudin*, Amsterdam: l'échec de la hiérarchie des normes?, Revue trimestrielle de droit européen 35 (1999), 1–20; *Peters* (Fn. 158), 341 f.

sätzen zulasse,[202] und seit 2022 sieht er in ihnen sogar die Identität der Union.[203]

Auf dieser Spur verstehen sich Art. 1, Art. 2 und Art. 3 Abs. 1 EUV zusammen mit den weiteren ersten neunzehn Artikel des EU-Vertrags als Grundlagenteil der Verträge, der diejenigen Bestimmungen des Unionsverfassungsrechts niederlegt, die dem Republikanismus besonders entgegenkommen. Diese Systematisierung, die der Lissabonner Vertrag 2009 eingeführt hat, nimmt das seit Mitte der 1990er Jahre verfolgte Anliegen auf, der Union einen „Basisvertrag" zu geben, der Grundlagen zusammenführt und so eine Systematisierung des Primärrechts erlaubt. Danach etablieren die Verträge ein System von Konkretisierungsstufen: Nachgeordnete Vorschriften sind im Lichte der republikanischen Grundlagen zu interpretieren.[204]

Eine solche prinzipiengeleitete Auslegung und Dogmatik realisiert, was der EuGH den „verfassungsrechtlichen Rahmen" bzw. die „Verfassungsstruktur" der Union nennt.[205] Viele Verfassungsgerichte praktizieren eine solche Auslegung, indem sie Verfassungsprinzipien als „Baugesetze", „Verfassungskern", „Verfassungsidentität", „basic structures" oder gar „invisible constitution" deklarieren und mit ihnen die anderen, formal gleichrangigen Verfassungsbestimmungen auslegen.[206] Den Grundlagen kommt zwar keine derogatorische Kraft gegenüber den übrigen

---

[202] EuGH, Urteil v. 3.9.2008, Rs. C-402/05 P, ECLI:EU:C:2008:461, Rn. 303 – *Kadi/Rat u. Kommission*.

[203] Siehe nur die Nachweise in Fn. 91 (oben in III.3).

[204] Näher *Bast/von Bogdandy* (Fn. 93).

[205] EuGH, Gutachten 2/13 v. 18.12.2014, ECLI:EU:C:2014:2454, Rn. 158, 165 – *EMRK-Beitritt II*.

[206] *Luke Dimitrios Spieker*, EU Values Before the Court of Justice, Oxford: Oxford University Press 2023, 90 ff.

Vertragsbestimmungen zu, sie haben aber einen überschießenden normativen Gehalt, der für die Auslegung der sie konkretisierenden Vorschriften fruchtbar gemacht werden kann.[207] In der Rechtsprechung zu den EU-Verträgen finden sich zahlreiche Beispiele der Konformauslegung,[208] so die Pflicht zur unionsrechtskonformen Auslegung mitgliedstaatlichen Rechts[209] und zur primärrechtskonformen Auslegung des Sekundärrechts.[210] Das Gebot der prinzipienkonformen Auslegung des Primärrechts erstreckt diese Hermeneutik auf das Verhältnis des Verfassungskerns zu den übrigen Bestimmungen der Verträge.

Der EuGH bezeichnet dies oft als *Konkretisierung*: Der in Art. 10 Abs. 1 EUV niedergelegte Grundsatz der repräsentativen Demokratie „konkretisiert" den Wert der Demokratie in Art. 2 EUV, und Art. 14 Abs. 3 EUV „setzt diesen Grundsatz um".[211] Dies entspricht dem Konnex,

---

[207] *Franz Reimer*, Verfassungsprinzipien. Ein Normtyp im Grundgesetz, Berlin: Duncker & Humblot 2001, 254 ff., 303 ff., 358 ff.
[208] Etwa EuGH, *Slowakei und Ungarn/Rat* (Fn. 134), Rn. 68 ff. Man kann dies als systemkonforme Auslegung verstehen, so *Sebastian A. E. Martens*, Methodenlehre des Unionsrechts, Tübingen: Mohr Siebeck 2013, 435 ff.; oder als Normkoordinierung begreifen, so *Xabier Arzoz Santisteban*, Aproximación a la interpretación conforme como técnica de coordinacón normativa, Revista de Derecho Público: Teoría y Método 4 (2021), 67–104 (77).
[209] *Robert Schütze*, An Introduction to European Law, Oxford: Oxford University Press 2023, 130 ff.
[210] EuGH, Urteil v. 27.6.2006, Rs. C-540/03, ECLI:EU:C:2006: 429, Rn. 61 ff., 104 f. – *Parlament/Rat*; Rs. C-305/05, Urteil v. 26.6. 2007, ECLI:EU:C:2007:383, Rn. 28 – *Ordre des barreaux francophones et germanophones*.
[211] EuGH, Urteil v. 19.12.2019, Rs. C-502/19, ECLI:EU:C:2019:1115, Rn. 63 ff. – *Strafverfahren gegen Oriol Junqueras Vies*.

den der EuGH zwischen Art. 2 und Art. 19 EUV hergestellt hat: Der Wert der Rechtsstaatlichkeit bilde eine grundlegende Prämisse des Unionsrechts, die durch die in Art. 19 EUV verankerte Garantie der Unabhängigkeit der Justiz „konkretisiert" werde.[212]

In diesem zwar rechtlich vorgezeichneten, aber doch in vielen Hinsichten offenen Prozess der Konkretisierung können rechtswissenschaftliche und rechtspraktische Operationen republikanische Forderungen rezipieren. Viele Bestimmungen erlauben, republikanischen Forderungen nach mehr parlamentarischer Repräsentativität, nach besserer *accountability*, also besserer politischer, administrativer und rechtlicher Verantwortlichkeit von Entscheidungsträgern gegenüber dem Parlament sowie den Unionsbürgerinnen und -bürgern, nach einer besseren *contestability* von deren Maßnahmen, aber auch nach mehr Solidarität methodengerecht nachzukommen. Natürlich dürfen solche Innovationen nicht naiv sein: Heute weiß man besser als in den 1980er, 1990er und frühen 2000er Jahren, dass sie den demokratischen Prozess auch erschweren können.[213] Das ficht aber angesichts massiver politischer Entfremdung nicht die Notwendigkeit an, die herrschende Praxis zu prüfen, zu korrigieren und weiter zu entwickeln.

Dieser republikanische Ansatz widerspricht dem pluralistischen Ansatz,[214] insoweit letzterer das europäische

---

[212] EuGH, *Associação Sindical dos Juízes Portugueses* (Fn. 88), Rn. 30, 32; seitdem in ständiger Rechtsprechung wiederholt, etwa *Kommission / Polen* (Fn. 90), Rn. 42, 47.
[213] Dazu näher *Patrick Hilbert* in seinem Kommentar in diesem Band, S. 161–181.
[214] *Neil MacCormick*, The Maastricht-Urteil. Sovereignty Now,

Verfassungsrecht vom Verhältnis von Bundesverfassungsgericht und EuGH her deutet, dieses Verhältnis also als den Fluchtpunkt des europäischen Verfassungsrechts setzt.[215] Bei aller republikanischer Wertschätzung von Pluralismus, Diversität und konstituierter Ordnung geht es doch in erster Linie um das gemeinsame Ganze, dem das Verhältnis dieses Ganzen zu einem seiner Teile nachgeordnet ist. So wird der Pluralismus in föderaler Verfasstheit republikanisch eingebunden.[216]

Nun wird überlegt, das Bundesverfassungsgericht als Hüter des Unionsrechts neu zu positionieren.[217] Republikanisch ist dieser Weg nicht gangbar, denn es fehlt dem Bundesverfassungsgericht ein Mandat der nichtdeutschen Unionsbürgerinnen und Unionsbürger. Dies mag die vehementen Reaktionen auf das PSPP-Urteil

European Law Journal 1 (1995), 259–266; *Julio Baquero Cruz*, The Legacy of the Maastricht-Urteil and the Pluralist Movement, European Law Journal 14 (2008), 389–422; *Daniel Halberstam*, Systems Pluralism and Institutional Pluralism in Constitutional Law. National, Supranational and Global Governance, in: Matej Avbelj / Jan Komárek (Hrsg.), Constitutional Pluralism in the European Union and Beyond, Oxford: Hart 2012, 85–125; *Franzius* (Fn. 117); *Giuseppe Martinico / Giorgio Repetto*, Fundamental Rights and Constitutional Duels in Europe: An Italian Perspective on Case 269/2017 of the Italian Constitutional Court and Its Aftermath, European Constitutional Law Review 15 (2019), 731–751.

[215] *Monica Claes / Bruno de Witte*, Rollen der nationalen Verfassungsgerichtsbarkeit im europäischen Rechtsraum. § 121, in: Armin von Bogdandy / Peter M. Huber / Christoph Grabenwarter (Hrsg.), Handbuch Ius Publicum Europaeum. Bd. 7: Verfassungsgerichtsbarkeit in Europa: Vergleich und Perspektiven, Heidelberg: C. F. Müller 2021, 643–686, Rn. 25 ff.

[216] *Schütze* (Fn. 65), 21.

[217] So *Huber* (Fn. 68); *Ulrich Haltern*, Ultra-vires-Kontrolle im Dienst europäischer Demokratie, Neue Zeitschrift für Verwaltungsrecht (2020), 817–823.

erklären.[218] Der europäische Pluralismus ist eine wertvolle Theorie, die wichtige Phänomene fasst, aber ist der republikanischen Logik des Art. 2 EUV unterzuordnen.

Zwei abschließende Bemerkungen zu dem, was vor uns liegt. Erstens ist viel kritische juristische Arbeit zu leisten. Meine Rekonstruktion des Unionsverfassungsrechts im Lichte einer europäischen Renaissance des Republikanismus ist keine Apologie der europäischen Integration. Im Gegenteil, sie führt zu vielen Defiziten und drängt auf eine Veränderung der rechtlichen Faktizität. Zweitens ist festzuhalten, dass republikanische Ansätze kompromissfähig sein müssen. Der Republikanismus ist nicht die einzige relevante Theorie, wenn es um die Deutung, Kritik, Rekonstruktion und Weiterentwicklung des Unionsrechts geht. Die europäische Gesellschaft ist pluralistisch, und so ihre Rechtswissenschaft.

Das Weißbuch der Kommission zur Zukunft Europas nennt als einzige Wurzel der Union das republikanische Manifest von Ventotene.[219] Das forciert ein europäisches Narrativ[220] und ignoriert das christliche paneuropäische

---

[218] *Sabino Cassese*, „The Paths of European Legal Scholarship", Verfassungsblog v. 05.10.2020; *Oreste Pollicino*, „The European ‚Market' for Constitutional Ideas. Abuse of a Judicial Dominant Position?", Verfassungsblog v. 09.10.2020; *Pál Sonnevend*, „How Not to Become Hegemonial. Self-Preservation Through Verfassungsdogmatik", Verfassungsblog v. 13.10.2020; *Daniel Sarmiento*, „On the Road to German Hegemony in EU Law?", Verfassungsblog v. 07.10.2020; *Daniel Halberstam*, „Anti-Hegemony and Its Discontents. On Germany in Europe", Verfassungsblog v. 14.10.2020; *Antoine Vauchez*, „Vicarious Hegemony. The German Crisis of European Law", Verfassungsblog v. 06.10.2020.

[219] Weißbuch (Fn. 69), 6.

[220] Zu den ideologischen und problematischen Dimensionen von Narrativen *Albrecht Koschorke*, Auf der Suche nach dem verlore-

Denken[221] ebenso wie nationalstaatlich geprägte Positionen,[222] ganz zu schweigen von dunklen Wurzeln in autoritärem Denken und kolonialen Interessen.[223] Es ist eine Sache, sich auf das Manifest von Ventotene zu berufen, um dem Republikanismus eine Rolle im geltenden Recht zu geben (mein Argument), und eine andere, sich ausschließlich darauf zu stützen (das Weißbuch). Mein Republikanismus ist ein wissenschaftlicher Ansatz, kein Narrativ. Die heutige Union prägen Kompromisse zwischen vielen politischen Lagern, die sich keineswegs allesamt im Manifest von Ventotene wiederfinden. Jede Renaissance muss sich an Widerständen abarbeiten und produziert überraschende Resultate.

Ungeachtet dieser Klarstellungen werden Kritiker diesen Republikanismus als politische Romantik oder seichten Habermasianismus sehen.[224] Republikanismus wirkt

---

nen Europa-Narrativ, in: Claudio Franzius/Franz C. Mayer/Jürgen Neyer (Hrsg.), Die Neuerfindung Europas. Bedeutung und Gehalte von Narrativen für die europäische Integration, Baden-Baden: Nomos 2019, 21–32.

[221] Vgl. Nachweise in Fn. 112.

[222] Zur Vielfalt der Positionen *Kiran Klaus Patel*, Projekt Europa. Eine kritische Geschichte, München: C.H. Beck 2018; *Schorkopf* (Fn. 55); weiter die Nachweise in Fn. 138.

[223] *Christian Joerges*, Europe as a Großraum? Shifting Legal Conceptualisations of the Integration Project, in: Christian Joerges/Navraj Singh Ghaleigh (Hrsg.), Darker Legacies of Law in Europe. The Shadow of National Socialism and Fascism over Europe and its Legal Traditions, Oxford: 2003, 167–191; *Peo Hansen/Stefan Jonsson*, Eurafrica incognita: The colonial origins of the European Union, History of the Present 7 (2017), 1–32.

[224] Vgl. nur die sich überschlagende Kritik an Cicero bei *Theodor Mommsen*, Römische Geschichte, Bd. 3: Von Sullas Tode bis zur Schlacht von Thapsus, Berlin: Weidmannsche Buchhandlung 1882, 619.

Paul Alexander Svedomsky, Fulvia with the head of Cicero, 1898.

nun mal auf viele als gestrig oder, wenn transnational gedacht, gar als „Hirngespinst".[225]

Cicero endete unglücklich.

Anders aber sein Begriff. Der wusste bislang seinen transformativen *Appeal* und seine gesellschaftliche Relevanz stets zu erneuern. Nunmehr auf der europäischen Ebene etabliert expandiert er derzeit in den digitalen Raum als *Re:publica*.[226]

re:publica

Logo: *Re:publica*, https://re-publica.com/de

---

[225] Der Anachronismusvorwurf findet sich bereits bei Sallust, *Marcus Tullius Cicero / Helmut Kasten*, An Bruder Quintus. An Brutus. Brieffragmente, Heimeran Verlag: München 1965, 145.

[226] Re:publica ist eine zivilgesellschaftliche Plattform zur digitalen Gesellschaft, die sich insbesondere mit Netzpolitik, Netzkultur, Weblogs und weiteren Fragen der sozialen Medien befasst, https://re-publica.com/de.

„Renaissance des Republikanismus"

Eine Auseinandersetzung mit den Thesen von Rolf Gröschner und Armin von Bogdandy

Angelika Siehr

   I. Einleitung: Konsens, Dissens und die Wahl der Perspektive im weiten Feld des Republikanismus 92
 II. Republikanismus jenseits des Staates: Prämissen verschiedener Denkansätze 97
    1. Art. 2 EUV als „republikanisches Manifest" (*Armin von Bogdandy*) 97
       a) Geltung des Republikprinzips jenseits des Staates und Prozesshaftigkeit des europäischen Republikanismus 97
       b) Begriffliche Justierung: Republik im Feld demokratischer Verfassungsstaatlichkeit 102
    2. Antike Republiktradition als basales Konstruktionselement (*Rolf Gröschner*) 103
III. Gröschners These vom Vorrang des Republikprinzips vor dem Demokratieprinzip 109
    1. Republikanische Legitimität versus demokratische Legitimation? 109
    2. Menschenrechtsidee und Legitimität: Das Fundament des demokratischen Verfassungsstaats 114
       a) Menschenrechtliche Fundierung des Staates 114
          aa) Staatsbegründende und staatsbegrenzende Funktion der Menschenrechte 114
          bb) Inklusion und Exklusion oder: Wer gehört zu den Freien und Gleichen? 119
       b) Gleichursprünglichkeit von Menschenrechtsidee und Volkssouveränität 121

c) Hannah Arendt: Von der griechischen Polis zum
      neuzeitlichen Verfassungsstaat 128
IV. EU-Republikanismus – Differenzierungen und Einwände   132
   1. Abgrenzung von Republikanismus und demokratischer
      Verfassungsstaatlichkeit 132
   2. Rechtsstaatliche und demokratische Dimension des
      Republikprinzips 136
      a) Rechtsstaatliche Traditionslinie des Republikanismus
         bei Immanuel Kant 137
      b) Qualifikation eines spezifisch republikanischen
         Demokratieverständnisses 139
   3. Einordnung des EU-Republikanismus: Potential
      und bürgerschaftlich-republikanische Grenzen 141
V. Das Republikprinzip im Grundgesetz 151
   1. Einwände gegen ein materielles Verständnis des
      Republikprinzips unter dem Grundgesetz 151
   2. Beispiele für republikanische Interpretationsansätze
      unter dem Grundgesetz 152
      a) Republikanische Rekonstruktion der
         Staatsfundamentalnorm des Art. 1 Abs. 1 GG
         (*Hasso Hofmann*) 152
      b) Republikanische Lesart des Prinzips der
         Volkssouveränität 153
      c) Dualistisches Konzept der Nation: Kultur- und
         Volksnation und republikanische Staatsbürgernation . 156
      d) Republikanische Rekonstruktion des (urbanen)
         Grundeigentums in öffentlicher Hand 157
VI. Fazit 159

I. Einleitung: Konsens, Dissens und die Wahl der Perspektive im weiten Feld des Republikanismus

Die Einladung zum Grundlagenkreis unter dem Thema „Renaissance des Republikanismus" fragt, ob man das Republikprinzip nur als formales Verbot der Monarchie oder materiell als gehaltvollen Leitgedanken moderner Verfassungsstaatlichkeit verstehen müsse. Diese Frage lässt sich relativ schnell beantworten: Als bloßes Verbot der Monarchie liefe dieses Prinzip leer; es hat vielmehr einen materiellen Gehalt.[1] Insoweit scheint auch weitgehend

---

[1] Die Formulierung in Art. 1 Abs. 1 WVR lautete schlicht: „Das Deutsche Reich ist eine Republik." Daran hat der Parlamentarische Rat der Sache nach angeknüpft. Im Bekenntnis zur Republik war man sich sowohl auf Herrenchiemsee als auch im Parlamentarischen Rat einig. Die Wiederholung des Begriffs „Republik" nach „Bundesrepublik Deutschland" empfand man jedoch als unschön, s. dazu *H. v. Mangoldt*, in: Deutscher Bundestag / Bundesarchiv (Hrsg.), Der Parlamentarische Rat 1948–1949. Akten und Protokolle, Bd. V/2: Ausschuß für Grundsatzfragen, 1993, S. 522. *Theodor Heuss*, auf den die im Ergebnis für Art. 20 Abs. 1 GG gewählte Formulierung zurückgeht, hatte im Rahmen der Beratungen explizit festgestellt: „Ich halte den Begriff ‚Republik' im Hinblick auf seine inhaltliche Erfüllltheit für unerläßlich", aaO, Bd. V/1, S. 281. *Carlo Schmid*, aaO, S. 170, formulierte: „In dem Wort Republik liegen auch eine ganze Menge Ansprüche und Inhalte" und später im Plenum: „Der Hauptausschuß schlägt Ihnen den Namen »Bundesrepublik Deutschland« vor. In diesem Namen kommt zum Ausdruck, daß ein Gemeinwesen bundesstaatlichen Charakters geschaffen werden soll, dessen Wesensgehalt das demokratische und soziale Pathos der republikanischen Tradition bestimmt [...]", *C. Schmid*, JöR (1951), S. 20. All dies spricht dafür, dass das Republikprinzip mehr als die bloße Absage an die Monarchie adressieren sollte; so auch *M. Morlok / L. Michael*, Staatsorganisationsrecht, 6. Aufl. 2023, Rn. 318, und nachdrücklich *R. Gröschner*, in: HdbStR II³, 2004, § 23 Rn. 2 mwN, zur Weimarer Zeit Rn. 5; eingehend zu einem gehaltvollen Republikverständnis *ders.*, in: ders. / Lembcke (Hrsg.), Freistaatlichkeit, 2011, S. 293 ff. Schlüsse auf den konkreten Inhalt des Republikprinzips erlauben die Beratungen jedoch nicht, s. *H. Dreier*, in: Dreier (Hrsg.), GG II³, Art. 20 (Republik) Rn. 8. In der Literatur wird ‚Republik' teils als „freiheitliche, am Gemeinwohl orientierte politische Ordnung, als Inbegriff eines Gemeinwesens, an dem alle Bürger teilhaben" verstanden, vgl. *Dreier*, aaO, Rn. 20 mwN, der selbst jedoch skeptisch gegenüber einer Aufladung des Republikprinzips mit materialen Gehalten ist, aaO, Rn. 21 ff. (s. dazu auch unten V. 1.).

Konsens zu bestehen,[2] zumindest mit dem ‚Erfinder' des hier behandelten Themas, dem Kollegen *Rolf Gröschner*, der bekanntlich ein leidenschaftlicher Verfechter des Republikanismus ist, und mit dem Referenten *Armin von Bogdandy*. Unklar ist hingegen, was das Republikprinzip im Einzelnen impliziert, inwieweit es insbesondere auch ältere Gehalte der Charakterisierung eines politischen Gemeinwesens als ‚Republik' aktiviert und auf welche Konstellationen es überhaupt Anwendung finden könnte oder sollte.

Armin von Bogdandy verwendet den Begriff der Republik an anderer Stelle für ein „Gemeinwesen, das auf der Grundlage einer legitimen Verfassung mittels gewaltenteiliger Demokratie gemeinsame Belange der Bürger solidarisch gestaltet."[3] Im Rahmen seines Vortrages hat er dies

---

[2] Siehe etwa *J. Isensee*, JZ 1981, S. 1 ff.; *M. Morlok/L. Michael*, Staatsorganisationsrecht, 6. Aufl. 2023, Rn. 311 (319); *W. Mager*, in: O. Brunner ua (Hrsg.), Geschichtliche Grundbegriffe, Bd. 5, 1984, S. 549 ff.; *H. Hofmann*, in: GS f. G. Küchenhoff, 1987, S. 231 ff.; sa *ders.*, JZ 1992, S. 165 (170 mit Fn. 50).

[3] *A. v. Bogdandy*, in: FAZ v. 20. September 2013, S. 7. Zuvor hatte er die Republik als ein „Gemeinwesen" charakterisiert, „das als transpersonaler Verband mittels politischer Institutionen Gemeinwohlziele verfolgt", s. *ders.*, JZ 2005, S. 529 (543). *R. Gröschner*, JZ 2014, S. 674 (676 f.), stimmt dem so definierten Republikbegriff A. v. Bogdandys ausdrücklich zu, moniert jedoch, dass „die Republik als ‚neue Leitidee'" im „‚neuen Ansatz'" des von ihm rezensierten Werks von *A. v. Bogdandy/I. Venzke*, In wessen Namen? Internationale Gerichte in Zeiten globalen Regierens, 2014, fehle, s. aaO, S. 676. *Gröschner*, in: HdbStR II³, 2004, § 23 Rn. 72, umschreibt das Republikprinzip unter Geltung des Grundgesetzes als „Modus einer gemeinwohlorientierten Gestaltung der freiheitlichen Ordnung des Grundgesetzes"; dies sei „die kürzeste Formel [...], auf die sich die drei Teilprinzipien der Republik bringen lassen: das Legitimationsprinzip (einer auf Freiheit beruhenden Ordnung),

„Renaissance des Republikanismus"

im Hinblick auf einen ‚europäischen Republikanismus' noch weiter ausdifferenziert.

Die Ansätze beider Kollegen liefern sehr wichtige, den Diskurs bereichernde Denkanstöße zum Republikanismus. An bestimmten Punkten habe ich aber auch Einwände und halte es im Übrigen für gewinnbringend, die Perspektive, die bei *Rolf Gröschner* durch die aristotelische Polislehre und bei *Armin von Bogdandy* durch das europäische Verfassungsrecht geprägt ist, noch einmal zu erweitern. *Armin von Bogdandy* stellt in seinem Beitrag einleitend fest, dass er „nur bereit" sei, „im Rahmen von Art. 2 EUV eine Renaissance des Republikanismus festzustellen."[4] Auch wenn das Thema der „Renaissance des Republikanismus" nicht von vornherein auf die Europäische Union ausgerichtet war, ist es natürlich völlig legitim, es so zuzuschneiden. Dass sich „nur" dort entsprechende Ansätze finden sollen, überzeugt mich allerdings nicht. Meines Erachtens ist das republikanische Denken im Grundgesetz sogar breiter angelegt als auf der Ebene der Europäischen Union. Wenn ich daher die unionsverfassungsrechtliche Perspektive in meinem Beitrag um die des Grundgesetzes ergänze, so geht es dabei nicht etwa um eine staatszentrierte Sichtweise auf die Europäische Union, sondern darum, ein stimmiges Gesamtbild zu gewinnen und dabei auch ein mögliches

---

das Gestaltungsprinzip (eines Freiheit und Ordnung austarierenden Optimierungsgebotes) und das Amtsprinzip (einer das Gemeinwohl in Verfassungs-, Verwaltungs- und Prozessrechtsverhältnissen konkretisierenden Kompetenzordnung)."

[4] *A. v. Bogdandy*, Renaissance des Republikanismus, in diesem Band, S. 2.

Ergänzungsverhältnis sichtbar zu machen: Auch die Unionsbürgerschaft könnte man ohne Kenntnisse über die Staatsangehörigkeit ja nicht richtig einordnen, da beides zusammenspielt bzw. sich akzessorisch und teils auch komplementär verhält.[5]

Ich werde im Folgenden zunächst auf die Prämissen der Denkansätze von *Armin von Bogdandy* und von *Rolf Gröschner* eingehen (II.). Sodann setze ich mich mit der These *Gröschners* zum Vorrang des Republikprinzips vor dem Demokratieprinzip (III.) und der These *von Bogdandys* zum EU-Republikanismus im Einzelnen auseinander (IV.). Im nächsten Schritt sollen republikanische Rekonstruktionen bestimmter Grundprinzipien oder Denkfiguren unter dem Grundgesetz skizziert werden (V.). Daran schließt sich ein Fazit an (VI.).

---

[5] Die Akzessorietät der Unionsbürgerschaft im Verhältnis zur Staatsangehörigkeit ergibt sich unmittelbar aus Art. 20 Abs. 1 AEUV, der in S. 2 feststellt, dass „Unionsbürger ist, wer die Staatsangehörigkeit eines Mitgliedstaats besitzt." Das Ergänzungsverhältnis wird in S. 3 deutlich: „Die Unionsbürgerschaft tritt zur nationalen Staatsangehörigkeit hinzu, ersetzt sie aber nicht." Komplementär verhält sich die Unionsbürgerschaft insofern, als Unionsbürgerinnen und Unionsbürger nach Art. 20 Abs. 2 c) AEUV „im Hoheitsgebiet eines Drittlands, in dem der Mitgliedstaat, dessen Staatsangehörigkeit sie besitzen, nicht vertreten ist, Recht auf Schutz durch die diplomatischen und konsularischen Behörden eines jeden Mitgliedsstaats unter denselben Bedingungen wie Staatsangehörige dieses Staates" haben.

II. Republikanismus jenseits des Staates: Prämissen verschiedener Denkansätze

1. Art. 2 EUV als „republikanisches Manifest" (Armin von Bogdandy)

a) Geltung des Republikprinzips jenseits des Staates und Prozesshaftigkeit des europäischen Republikanismus

Ich will mit jenen Punkten beginnen, in denen ich mit *Armin von Bogdandy* übereinstimme: Er stellt die These auf, dass gerade das Unionsverfassungsrecht Ansatzpunkte für eine Renaissance des Republikanismus biete. In diesem Zusammenhang weist er Art. 2 EUV die Funktion eines „republikanische[n] Manifest[s]" zu.[6] Dies wirft die grundsätzliche Frage auf, ob der Republikanismus jenseits des Staates überhaupt ein Anwendungsfeld finden kann. Zudem fragt sich, ob dies prima facie auch im Hinblick auf die Europäische Union plausibel erscheint.

Aus meiner Sicht sind beide Fragen zu bejahen. Bezogen auf die erste, grundsätzlichere Frage ist zu berücksichtigen, dass die republikanische Tradition in der griechischen und römischen Antike wurzelt, sich das republikanische Denken also zunächst ohnehin (im weiteren Sinne) *jenseits des Staates*, nämlich in einer *prä*nationalen bzw. *vor*staatlichen Konstellation, entwickelt hat. Und für einen ‚Republikanismus jenseits des Staates' ist auch nach der Herausbildung des modernen Staates durchaus Raum: Schon *Immanuel Kant* – neben *Jean-*

---

[6] *A. v. Bogdandy*, Renaissance des Republikanismus, in diesem Band, S. 29 ff.

Jacques Rousseau[7] einer der großen Republikaner der Aufklärungszeit – hat in seiner Schrift „Zum Ewigen Frieden" von 1795 die Idee eines weltweiten Bundes freiheitlicher Republiken als Grundlage des friedlichen Zusammenlebens der Völker propagiert[8] (und gleichzeitig die Idee eines aus der „Zusammenschmelzung" unabhängiger Staaten entstehenden Weltstaats bzw. einer schließlich die ganze Welt beherrschenden „Universalmonarchie" als „seelenlose[n] Despotism"[9] verworfen). Oft wird seine Friedensschrift als Rohmodell für die 150 Jahre später – nach dem unvorstellbaren Leid, das Deutschland mit dem Zweiten Weltkrieg und der Schoa über Millionen von Menschen gebracht hatte – in Kraft gesetzte Charta der Vereinten Nationen gesehen.

---

[7] Dazu eingehend *R. Gröschner*, Weil Wir frei sein wollen. Geschichten vom Geist republikanischer Freiheit, 2016, S. 83 (84f., 88ff.); *ders.*, in: HdbStR II³, 2004, § 23 Rn. 23–30 (in Rn. 30 zu Kant).

[8] *I. Kant*, Zum ewigen Frieden. Ein philosophischer Entwurf, in: I. Kant, Werke in zehn Bd., hrsg. v. W. Weischedel, Sonderausgabe auf Grundlage des 5. reprograf. Nachdr. Darmstadt 1983 der Ausgabe Darmstadt 1956, Bd. 9, S. 191 ff. Kant gießt seinen philosophischen Entwurf bekanntlich in die damals übliche Form eines völkerrechtlichen Friedensvertrages. Er will eine politische Struktur aufzeigen, die mit innerer Notwendigkeit einen dauerhaften Frieden zwischen den Völkern garantieren soll. Nach sechs „Präliminarartikeln", die Maßnahmen der vorläufigen Friedenssicherung enthalten, folgen drei auf einen dauerhaften Frieden zielende „Definitivartikel" und schließlich noch zwei „Zusätze". Der erste Definitivartikel fordert eine freiheitliche republikanische Verfassung eines jeden Staates, der zweite Definitivartikel sieht einen „Föderalism freier Staaten" vor. Allerdings sieht Kant einen Völkerbund nur als „negatives Surrogat" der nicht einlösbaren positiven Idee einer „Weltrepublik". Gleichwohl sei ein solcher Völkerbund, wie er im ersten Zusatz unter 2. ausführt, nach der Vernunftidee allemal besser als eine „Universalmonarchie".

[9] *I. Kant*, Zum ewigen Frieden (Fn. 8), S. 225.

„Renaissance des Republikanismus"

Was nun die Frage nach der Plausibilität eines möglichen EU-Republikanismus anbelangt, so muss man sich nur die Unterschiede zwischen den Vereinten Nationen und den Mitgliedstaaten des (schon aufgrund der regionalen Radizierung deutlich homogeneren) EU-Verfassungsverbundes vor Augen führen: Unter dem Dach der Vereinten Nationen sind, anders als in *Kants* Friedensschrift gefordert, keineswegs nur ‚freiheitliche Republiken' völkervertraglich in dem Bestreben vereint, gemeinsam an der Wahrung oder Wiederherstellung des Weltfriedens und der internationalen Sicherheit zu arbeiten. Hingegen handelt es sich bei den Mitgliedstaaten der Europäischen Union tatsächlich um freiheitlich-demokratische Staatswesen, die auf ein gemeinsames menschenrechtliches und rechtsstaatliches Erbe zurückgreifen können und damit der Kantischen Idee einer ‚freiheitlichen Republik' ungeachtet der zwischen ihnen bestehenden Differenzen im Wesentlichen entsprechen.[10] Aus gutem Grund hebt

---

[10] In Ungarn zeigen sich zwar rechtsstaatliche Erosionstendenzen, die allerdings auch EU-Sanktionen nach sich gezogen haben. In Polen bemüht man sich seit dem Regierungswechsel im Dezember 2023 erfreulicherweise um die Wiederherstellung der Unabhängigkeit des Obersten Gerichts, doch ist dies nach den ‚Justizreformen' der Vorgängerregierung nicht einfach. Der EuGH hatte 2019 festgestellt, dass die Republik Polen dadurch gegen ihre Verpflichtungen aus Art. 19 Abs. 1 Unterabs. 2 EUV verstoßen habe, dass sie zum einen vorgesehen habe, dass die Herabsetzung des Ruhestandsalters für Richter des Obersten Gerichtshofs auf amtierende Richter Anwendung finden solle, die vor dem 03.04.2018 an dieses Gericht berufen worden waren, und zum anderen dem Präsidenten der Republik die Befugnis verliehen habe, den aktiven Dienst der Richter dieses Gerichts über das neu festgesetzte Ruhestandsalter hinaus nach freiem Ermessen zu verlängern, s. EuGH, Urt. v. 24.06.2019 (GK), C-619/18 R (Europäische Kommission v. Republik Polen), Rn. 126.

Armin von Bogdandy in diesem Kontext Art. 2 EUV besonders hervor. Nach Art. 2 Satz 1 EUV sind die Werte, auf die sich die Union gründet, „die Achtung der Menschenwürde, Freiheit, Demokratie, Gleichheit, Rechtsstaatlichkeit und die Wahrung der Menschenrechte einschließlich der Rechte der Personen, die Minderheiten angehören." Satz 2 statuiert, dass diese Werte allen Mitgliedstaaten „in einer Gesellschaft gemeinsam" sind, die sich „durch Pluralismus, Nichtdiskriminierung, Toleranz, Gerechtigkeit, Solidarität und die Gleichheit von Frauen und Männern auszeichnet." Zudem verweist Art. 6 Abs. 1 EUV auf die Charta der Grundrechte der EU und Art. 6 Abs. 3 EUV auf die EMRK und die gemeinsamen Verfassungsüberlieferungen der Mitgliedstaaten, die als allgemeine Grundsätze Teil des Unionsrechts sind. Diese Wertgebundenheit ist Grundlage des europäischen Integrationsprozesses und eng mit ihm verwoben. Nach dem 1. Erwägungsgrund der Präambel des AEUV handeln die Vertragsstaaten „in dem festen Willen, die Grundlagen für einen immer engeren Zusammenschluss der europäischen Völker zu schaffen". Es spricht also zunächst einmal nichts gegen die Annahme, dass dieser Prozess ein auch als ‚republikanisch' beschreibbares Webmuster aufweisen könnte. Inwiefern dies tatsächlich so ist und ob vielleicht andererseits auch Fäden fehlen, die zum Webmuster des Republikanismus innerhalb des Staates häufig dazu gehören, wird noch im Einzelnen zu untersuchen sein (s. unter IV.).

Wenn man die „Renaissance der Republik" jenseits des Staates sucht, muss man sich allerdings bewusst sein, dass der Kontext die konkrete Bedeutung von Begriffen bestimmt. Begriffe wie ‚Verfassung', ‚Konstitutionalisierung' oder eben auch ‚Republik' erfahren in außerstaatlichen

Kontexten also eine gewisse Bedeutungsverschiebung und es liegt nahe, dass ihnen dort, zumindest teilweise, auch eine andere Funktion zukommt als innerhalb des Staates.[11] Nach meiner Wahrnehmung ist *Armin von Bogdandy* mit dem Begriff der Republik insoweit aber auch vorsichtig umgegangen. Er macht deutlich, dass es ihm angesichts des Begriffs „Renaissance" im Veranstaltungstitel um einen transformativen Prozess und damit „um *Republikanismus* geht", „nicht um *Republik*". Er wolle in seinem Vortrag daher auch gar nicht erörtern, „ob man die heutige Europäische Union als Republik qualifizieren sollte".[12] Diese Frage bzw. auch die Frage, ob bereits von einem „Föderalismus, der republikanische Gemeinwesen in einem gemeinsamen republikanischen Gemeinwesen verbindet",[13] gesprochen werden könne, hält der Referent somit ausdrücklich offen. Es geht ihm vielmehr um die Beschreibung eines – bislang unabgeschlossenen – *Pro-*

---

[11] Siehe zu den Begriffen der Verfassung bzw. Konstitutionalisierung jenseits des Staates *B. Fassbender*, in: O. Depenheuer ua (Hrsg.), FS J. Isensee, 2007, S. 72 ff.; *ders.*, The United Nations Charta as the Constitution of the International Community, 2009, S. 27 ff.; *T. Kleinlein*, Konstitutionalisierung im Völkerrecht, 2012, S. 1 ff., 7 ff., 61 ff., 99 ff., 626, 689 ff., 696 ff. u. *pass.*; sa die Beiträge in: *B. Fassbender/A. Siehr* (Hrsg.), Suprastaatliche Konstitutionalisierung, 2012, zum Begriff der Konstitutionalisierung insb. *T. Chionos* ua, ebd., S. 59 (61 ff.).

[12] *A. v. Bogdandy*, Renaissance des Republikanismus, in diesem Band, S. 6 (Hervorhebung i. Orig.).

[13] *A. v. Bogdandy*, Renaissance des Republikanismus, in diesem Band, S. 23 f. An dieser Stelle gibt er vielmehr nur die Position „republikanische[r] Föderalisten" wieder (ua *C. Möllers*, Die Europäische Union als demokratische Föderation, 2019); s. S. 23 Fn. 57 mwN, die er als wichtige, aber nicht dominante Kraft in der europäischen Gesellschaft beschreibt, s. aaO, S. 25.

zesses, der in Art. 2 EUV als „republikanische[m] Manifest"[14] seinen Ausgangspunkt findet. Dieser prozesshafte Charakter lässt die Möglichkeit offen, dass bestimmte republikanische Bedeutungsgehalte durch das Unionsverfassungsrecht bereits realisiert sind, andere hingegen nicht und vielleicht auf europäischer Ebene auch gar nicht realisiert werden können. Die letztgenannte Differenzierung finde ich in dem Vortrag, um dessen Kommentierung ich gebeten wurde, zwar nicht, aber Kommentare dienen ja auch der Ergänzung und Abrundung des Bildes.

b) Begriffliche Justierung: Republik im Feld demokratischer Verfassungsstaatlichkeit

Armin von Bogdandy versucht, den Republikbegriff für den Zweck seines den EU-Republikanismus entfaltenden Vortrags so zu bestimmen, dass er im Feld demokratischer Verfassungsstaatlichkeit weiterführende Unterscheidungen trifft.[15] Vor diesem Hintergrund geht er auf das Verhältnis von Republikanismus und demokratischer Verfassungsstaatlichkeit und insbesondere auf das Verhältnis der Begriffe Republik und Demokratie näher ein. Er beschreibt deren anfänglichen Antagonismus, der mit einer Skepsis gegenüber der Demokratie als „Herrschaft der Masse" Hand in Hand ging.[16] Im Ergebnis seien demokratisches und republikanisches Verfassungsden-

---

[14] A. v. *Bogdandy,* Renaissance des Republikanismus, in diesem Band, S. 29 ff.

[15] A. v. *Bogdandy,* Renaissance des Republikanismus, in diesem Band, S. 8.

[16] A. v. *Bogdandy,* Renaissance des Republikanismus, in diesem Band, S. 8.

ken im 20. Jahrhundert aber weitgehend verschmolzen.[17] Gleichwohl bemüht er sich, beides auch gegeneinander abzugrenzen; darauf wird noch zurückzukommen sein (s. IV. 1.). Hier ist jedoch zunächst einmal festzuhalten, dass *Armin von Bogdandy* insoweit offenbar eine andere Position bezieht als *Rolf Gröschner*, der die antike Republiktradition auch für die Bestimmung des gegenwärtigen Verhältnisses von Demokratie- und Republikprinzip als den entscheidenden Faktor betrachtet (dazu unter III.). Im Folgenden soll die fundamentale Bedeutung der antiken Republiktradition als Prämisse der weiteren Argumentation bei *Rolf Gröschner* skizziert werden. Auf dessen Position, die ein unverzichtbares Fundament für die weitere Auseinandersetzung mit dem Republikanismus bietet, kann ich in der schriftlichen Ausarbeitung nun deutlich ausführlicher eingehen als im mündlichen Kommentar; damit treten auch die Gemeinsamkeiten mit und Unterschiede zur Position von *Armin von Bogdandy* und meiner eigenen Sichtweise noch deutlicher hervor.

2. Antike Republiktradition als basales Konstruktionselement (Rolf Gröschner)

Rolf Gröschner setzt in seiner intensiven Forschung zum Republikanismus in der griechischen Antike, namentlich bei der aristotelischen Polislehre, an, rekurriert aber auch auf den antiken römischen Staatsrepublikanismus. Denjenigen, die die Republik rein formal als Nicht-Monarchie

---

[17] *A. v. Bogdandy*, Renaissance des Republikanismus, in diesem Band, S. 9.

definieren,[18] hält er entgegen, dass sich dies schon vor dem Hintergrund der aristotelischen Unterscheidung zwischen politischer Herrschaft („politike arche") und despotischer Herrschaft („despotike arche")[19] verbiete, die „einen substantiellen Gegensatz zweier Regierungsweisen" markiere.[20] *Aristoteles* umschreibe „drei nicht-despotische Regierungsweisen [...] (das Königtum der ‚basileia', die Aristokratie und die Politie)"; das „griechische[...] Lehnwort[...] ‚Politie' (für ‚politeia')" sei dann später mit „dem lateinischen Lehnwort Republik (für ‚res publica')" übersetzt worden.[21] Die Republik sei ihrem Ursprung nach somit dezidiert *antidespotisch*, wofür in einer inhaltsleeren rein formalen Definition dieses Begriffs jedoch kein Raum sei.[22] Positiv gewendet orientiere sich die politische Herrschaft in der griechischen Polis am *Gemeinwohl*:[23] Die

---

[18] So etwa *K. Stern*, Das Staatsrecht der Bundesrepublik Deutschland I², 1984, S. 575 (581 f.).

[19] *R. Gröschner*, in: HdbStR II³, 2004, § 23 Rn. 14 f., betont, dass die politische Regierungsweise, anders als eine auf ihren Eigennutz bedachte despotische Herrschaft, das Gemeinwohl im Blick habe; eine Übersetzung von „politike arche" mit „politischer Herrschaft" ohne nähere Erläuterungen sei irreführend.

[20] *R. Gröschner*, Weil Wir frei sein wollen, 2016, S. 14 (20).

[21] *R. Gröschner*, Weil Wir frei sein wollen, 2016, S. 14 (21); vgl. auch *ders.*, in: HdbStR II³, 2004, § 23 Rn. 16, 18.

[22] Vgl. *R. Gröschner*, Weil Wir frei sein wollen, 2016, S. 14 (21). Zur antidespotischen Stoßrichtung der Republik sa *ders.*, in: HdbStR II³, 2004, § 23 Rn. 14 f., 21, 36, 51 u. *pass.*; *ders.*, in: J. Krüper ua (Hrsg), FS f. M. Morlok, 2019, S. 17; sa *ders.*, in: M. Anderheiden ua (Hrsg.), GS f. W. Brugger, 2013, S. 463 (476, 478). Gegen einen formalistischen Republikbegriff *ders.*, in: HdbStR II³, 2004, § 23 Rn. 2, 5 u. *pass.*, sowie eingehend *ders.*, in: ders. / Lembcke (Hrsg.), Freistaatlichkeit, 2011, S. 293 (299, 318 f., 325 u. *pass.*).

[23] Siehe zum Gemeinwohl bei Aristoteles die Anm. v. *E. Schütrumpf* zu *Aristoteles*, Politika III 6 1279 a, in: Aristoteles. Werke

republikanische Amtsführung sei nach *Aristoteles* darauf gerichtet, im Zusammenspiel zwischen dem politisch aktiven Bürger (*polites*) und der politisch richtigen Ordnung (*politeia*) das gemeinsame Gut eines gelingenden Lebens („eudaimonia") aller bestmöglich zu verwirklichen.[24] Dies setze ein „abwechselndes Regieren und Regiertwerden" in einer Gemeinschaft von Freien und Gleichen voraus,[25] „die nicht unter das Joch eines Herrn (,despotes') gezwungen werden, für den sie in aristotelischer Begrifflichkeit notwendig [...] Sklaven wären."[26] Die Gleichheit der freien Bürger bestehe gerade in ihrer „Freiheit von despotischer Herrschaft",[27] meine also die Gleichheit in der Freiheit.[28] Nach der aristotelischen Polislehre hat demnach jeder Aktiv- oder Vollbürger sowohl das Recht, an den politischen Angelegenheiten seiner Polis in der institutionalisierten Form des Amtes teilzuhaben, als auch an politischen Entscheidungen mitzuwirken.[29] Die Wechselwirkung zwi-

---

in deutscher Übersetzung, hrsg. v. H. Flashar, Bd. 9, Teil 2, 1991, S. 457 ff.; sa *R. Gröschner*, in: HdbStR II³, 2004, § 23 Rn. 14.
[24] Dazu *R. Gröschner*, in: HdbStR II³, 2004, § 23 Rn. 14; vertiefend (im „dogmenphilosophischen Dialog" mit A. Wiehart ua) auch *R. Gröschner* ua, Rechts- und Staatsphilosophie, 2000, S. 31 (36 ff.).
[25] *R. Gröschner*, in: HdbStR II³, 2004, § 23 Rn. 15 mwN.; *ders.*, in: ders./Lembcke (Hrsg.), Freistaatlichkeit, 2011, S. 293 (317 f.).
[26] *R. Gröschner*, in: HdbStR II³, 2004, § 23 Rn. 15.
[27] *R. Gröschner*, in: HdbStR II³, 2004, § 23 Rn. 15.
[28] *R. Gröschner*, in: HdbStR II³, 2004, § 23 Rn. 14.
[29] *R. Gröschner*, in: HdbStR II³, 2004, § 23 Rn. 15. In den Worten von *Aristoteles*, Politika III 1 1275 a, in der Übersetzung von *E. Schütrumpf*, Aristoteles. Werke in deutscher Übersetzung, hrsg. v. H. Flashar, Bd. 9, Teil 2, 1991, S. 50: „Ein Bürger im eigentlichen Sinne wird nun aber durch kein anderes Recht mehr bestimmt als das der Teilhabe an der Entscheidung und der Bekleidung eines Staatsamtes."

schen Repräsentanten und Repräsentierten bezeichnet *Gröschner* als „Reziprozität".[30]

Im Hinblick auf *Ciceros* Umschreibung der „res publica" als „res populi", der öffentlichen Angelegenheiten als Sache des Volkes, betont *Gröschner*, dass dies „ganz der aristotelischen Tradition eines normativen, am Gemeinwohl orientierten Republikbegriffs verpflichtet" sei.[31] Er empfindet es als ironische Pointe der Ideengeschichte, dass die mit dem römischen Recht vertrauten und an lateinische Termini gewöhnten Juristen erst einen Zugang zur aristotelischen Tradition der res publica fanden, nachdem in der ersten Hälfte des 15. Jahrhunderts „politia" in „res publica" zurückübertragen worden war, was vor allem in Neuausgaben der „Politika" und der einflussreichen Aristoteles-Kommentare von *Thomas von Aquin* der Fall gewesen sei. Letztlich habe sich die griechische Idee also erst mit dem lateinischen Wort durchgesetzt.[32]

Von der antiken Republiktradition schlägt *Gröschner* einen Bogen zu den Philosophen der Aufklärung, insbesondere zu *Rousseau*, den er „als republiktheoretischen Klassiker der Aufklärung und freiheitsphilosophisches Vorbild *Kants*" sieht,[33] und spinnt diesen Faden weiter

---

[30] Eingehend R. *Gröschner*, in: M. Anderheiden ua (Hrsg.), GS W. Brugger, 2013, S. 463 (bes. S. 476 f.); vgl. auch *ders*., JZ 2014, S. 674 (677); er spricht dort allerdings nicht von „Repräsentierten", sondern von den „institutionell inkludierten politischen Subjekten".

[31] R. *Gröschner*, in: HdbStR II³, 2004, § 23 Rn. 19 mwN. Er meint, dass dies vielleicht ja „auch eine List republikanischer Vernunft" gewesen sei.

[32] R. *Gröschner*, in: HdbStR II³, 2004, § 23 Rn. 18 mwN.

[33] R. *Gröschner*, JZ 2014, S. 674 (676); zu Rousseau und der volonté générale sa *ders*., Weil Wir frei sein wollen, 2016, S. 83 ff.; *ders*., in: M. Anderheiden ua (Hrsg.), GS f. W. Brugger, 2013, S. 463 (S. 476 f.);

bis in die Gegenwart. Auf die Einzelheiten kann ich hier nicht eingehen. Wichtig ist aber die Feststellung *Gröschners*, dass natürlich keine der beiden klassischen Verfassungen eines republikanischen Gemeinwesens, also weder die aristotelische *politeia* noch die ciceronische *res publica*, am neuzeitlichen Gebilde des (National-)Staates ausgerichtet waren,[34] sich die antike Republiktradition aber sowohl für die Weimarer Verfassung als auch für das Grundgesetz als wirkmächtig erwiesen habe.[35]

Zudem ist *Gröschner*, ebenso wie *von Bogdandy*, der Ansicht, dass das Republikprinzip heute auch auf die Europäische Union Anwendung finden könne. Er weist insoweit ergänzend darauf hin, dass ein nicht-formalistischer Republikbegriff für die im Kreis der EU-Mitgliedstaaten vertretenen Monarchien den Rückgriff auf die klassische Konzeption eines gemeinwohlorientierten Königtums ermögliche.[36] Dies ist insofern auf den ersten Blick überraschend, als der formale antimonarchische Republikbegriff gemeinhin als ‚kleinster gemeinsamer Nenner' gilt und nur darüber diskutiert wird, ob zusätzlich noch materiale Gehalte hinzutreten. Tatsächlich ist die antimonarchische Stoßrichtung als Minimalgehalt des Republikprinzips aber nur im Hinblick auf die deutsche

---

ders., in: ders./O. Lembcke (Hrsg.), Freistaatlichkeit, 2011, S. 293 (320 f.); *ders.*, in: HdbStR II³, 2004, § 23 Rn. 23 ff., bes. 27 ff., zu Kant Rn. 30. Eingehend auch *K. Herb*, Bürgerliche Freiheit, 1999, S. 39 ff. zu Rousseau, S. 110 ff. zur Republik bei Rousseau, S. 57 ff. zu Kant, S. 130 ff. zur Republik und zur Repräsentation bei Kant.

[34] *R. Gröschner*, JZ 2014, S. 674 (676).

[35] Siehe dazu *R. Gröschner*, in: HdbStR II³, 2004, § 23, Rn. 45 ff., 53 ff. u. *pass.*; *ders.*, in: ders./Lembcke (Hrsg.), Freistaatlichkeit, 2011, S. 293 (S. 310 ff.).

[36] *R. Gröschner*, in: HdbStR II³, 2004, § 23 Rn. 75.

Tradition von der Weimarer Republik – die das deutsche Kaiserreich ablösen und der Monarchie dezidiert eine Absage erteilen wollte – bis zum Grundgesetz allgemeiner Konsens.[37] Zumindest im Rahmen „europäischer Freistaatlichkeit" setzt *Gröschner* hingegen anders an und will den „spätmittelalterlichen Formendualismus von Monarchie und Republik" verabschieden,[38] sodass auch die nach dem formalen Republikbegriff ausgeschlossenen Monarchien inkludiert sein können. Er resümiert: „Dadurch könnte der Weg frei werden für eine europäische Republik der Republiken, eine Republik also, deren Mitglieder nicht Bürger, sondern republikanisch verfasste Staaten sind, die ihr nationales Wohl in Wechselwirkung mit dem gemeineuropäischen definieren."[39]

Gröschner sieht weitere Anwendungsfelder für das Republikprinzip im internationalen Bereich, etwa im

---

[37] Gröschner kritisiert immer wieder, dass das Republikprinzip auf das Monarchieverbot reduziert werde, s. nur *ders.*, in: ders./O. Lembcke (Hrsg.), Freistaatlichkeit, 2011, S. 293 ff. Für die Bundesrepublik Deutschland hält er aber fest, dass diese sich „für alle Zeiten ihres verfassungsrechtlichen Fortbestandes sowohl dem Inhalt als auch der Form nach antimonarchisch entschieden" habe, s. *ders.*, in: HdbStR II³, 2004, § 23 Rn. 75.

[38] So *Gröschner*, in: ders./O. Lembcke (Hrsg.), Freistaatlichkeit, 2011, S. V.

[39] *R. Gröschner,* in: HdbStR II³, 2004, § 23 Rn. 75 mwN; s. zum Verfassungsstaat als Glied einer europäischen Gemeinschaft auch *D. Thürer,* in: VVDStRL 50 (1991), S. 97 (126 ff.), der vier konstitutionelle Prinzipien benennt, die zur Legitimierung einer die supranationale Einbindung des Verfassungsstaates umfassenden Gesamtordnung heranzuziehen wären. Allerdings macht er auch deutlich, dass der europäische Einigungsprozess „der Grundidee und verfassungsstaatlichen Ausgestaltung des Staates als *Republik und Demokratie,* wie sie, in vielleicht einmaliger Weise, Verfassungstradition und Verfassungsrecht der Schweiz prägen", entgegenläuft, s. aaO, S. 118 f.

Hinblick auf die „‚Politisierung' der Bürger in einem partizipatorischen Modell ihrer Beteiligung an den Entscheidungen internationaler Institutionen", denn legitim seien auch in Zeiten der Globalisierung „nur noch Verhältnisse auf Gegenseitigkeit als politische und rechtliche Verhältnisse republikanischer Reziprozität."[40]

III. Gröschners These vom Vorrang des Republikprinzips vor dem Demokratieprinzip

1. Republikanische Legitimität versus demokratische Legitimation?

Gröschner arbeitet den Kern der antiken Republiktradition sehr kenntnisreich und präzise heraus, überbetont meines Erachtens aber den heutigen Stellenwert des Republikprinzip, und zwar insbesondere im Verhältnis zum Demokratieprinzip: Aus seiner Sicht ergibt sich Legitimität allein durch das Republikprinzip, während das Demokratieprinzip als nachgeordnetes Strukturprinzip der prozeduralen Seite der Mehrheitsfindung diene.[41] Er erläutert, dass die „republikanische Legitimität" die „systematisch vorrangige Rechtfertigungsbasis für das Konzept diskursiver ‚Deliberation', dialogischer ‚Responsivität' und ‚öffentlicher Debatten' nach dem schon im Namen

---

[40] *R. Gröschner*, JZ 2014, S. 674 (677).
[41] Vgl. *R. Gröschner*, in: HdbStR II³, 2004, § 23 Rn. 74, wo er auf die prozedurale Funktionsweise der Demokratie, insb. durch Wahl- und Abstimmungsverfahren, sowie die legitimationstheoretische Ausrichtung der Republik am Gemeinwohl verweist, s. Rn. 45 ff. zur freiheitlichen Ordnung „als Synonym für ‚Republik'".

der ‚res publica' enthaltenen Prinzip der Publizität" sei.[42] Das demokratische Prinzip fundiere hingegen „die Art und Weise souveräner Ausübung öffentlicher Gewalt [...] durch Partizipation der Öffentlichkeit (,der Völker und der Bürger') an den Verfahren der Institutionen und der Diskussion ihrer Entscheidungen."[43] *Gröschner* bezieht sich in diesem letzten Zitat auf einen nicht mehr staatsorientierten Souveränitätsbegriff und auf Verfahren demokratischer Legitimation, die jenseits souveräner Staatlichkeit institutionalisiert werden. Auch bezogen auf das Grundgesetz stellt er aber fest, dass Demokratie zwar „ein Verfassungs-, aber kein Konstitutionsprinzip des Grundgesetzes" sei.[44] Er differenziert insoweit zwischen dem alteuropäischen Prinzip der Republik, das die „Legitimität einer freistaatlichen Ordnung" begründe, und dem „neuzeitliche[n] Prinzip der Demokratie", das der „Legitimation staatlicher Gewalt" diene.[45] Zwar sei die sprachliche Differenz zwischen „Legitimität" und „Legitimation" klein, „der Unterschied in ihrer historischen und systematischen Bedeutung" sei aber „kategorial".[46] Die Autonomie des politischen Volkes, des *pouvoir constituant*, sei *republikanisch*, die Souveränität des durch die Verfassung begründeten und begrenzten rechtlichen Volkes, des *pouvoir constitués*, sei *demokratisch*.[47] Wer

---

[42] *R. Gröschner*, JZ 2014, S. 674 (677f.).

[43] *R. Gröschner*, JZ 2014, S. 674 (678).

[44] *R. Gröschner*, in: ders./O. Lembcke (Hrsg.), Freistaatlichkeit, 2011, S. 293 (323).

[45] *R. Gröschner*, Weil Wir frei sein wollen, 2016, S. 106; ähnlich *ders.*, JZ 2014, 674 (677f.).

[46] *R. Gröschner*, Weil Wir frei sein wollen, 2016, S. 106; ähnlich *ders.*, in: J. Krüper ua (Hrsg.), FS f. M. Morlok, 2019, S. 11.

[47] *R. Gröschner*, Weil Wir frei sein wollen, 2016, S. 106; s. für Krite-

dies nicht auseinanderhalte, negiere die Ideen- und Verfassungsgeschichte der beiden Prinzipien der Republik und der Demokratie.[48]

Auch wenn *Gröschner* das Republikprinzip als gegenüber dem Demokratieprinzip systematisch vorrangig beschreibt, konzediert er, dass beides heute natürlich *uno actu* konstituiert werden müsse, da die Republik nur noch als demokratische denkbar sei.[49] Er möchte jedoch die historische Genese des Republikprinzips in einer pränationalen Konstellation und seine Verwurzelung in der aristotelischen Tradition mittransportieren[50] und trennt die beiden Prinzipien daher konzeptionell. Er begründet seine These, dass die Legitimität einer freiheitlich-demokratischen Ordnung wie der des Grundgesetzes allein aus dem Republikprinzip folge, mit dem Verweis darauf,

---

rien zur Unterscheidung des republikanischen Prinzips vom demokratischen und rechtsstaatlichen Prinzip *ders.*, in: HdbStR II³, 2004, § 23 Rn. 74; zu dem sich aus einer „ideengeschichtlich unverkürzten Interpretation der Volkssouveränität" ergebenden Unterschied zwischen republikanischem und demokratischem Prinzip *ders.*, in: ders./O. Lembcke (Hrsg.), Freistaatlichkeit, 2011, S. 293 (323 f.).

[48] *R. Gröschner*, Weil Wir frei sein wollen, 2016, S. 106.

[49] So bezogen auf das Verhältnis von republikanischer Freistaatlichkeit und grundrechtlicher Freiheitlichkeit *R. Gröschner*, in: ders./O. Lembcke (Hrsg.), Freistaatlichkeit, 2011, S. 293 (315 f.), wobei er hier insb. die partizipatorischen Gehalte von Grundrechten zur Mitwirkung an der politischen Willensbildung – vom Recht der Meinungsäußerung bis zum Wahlrecht – betont; sa aaO, S. 322, zur engen Verbindung von Republik und Demokratieprinzip; noch klarer in einem Gespräch mit Rolf Gröschner am 24.10.2022, in dem er auch die unten bei Fn. 53 f. wiedergegebene Begründung für den Vorrang des Republikprinzips explizit formuliert hat, die sich in seinen Publikationen eher aus dem Zusammenhang erschließt.

[50] Vgl. *R. Gröschner*, in: HdbStR II³, 2004, § 23 Rn. 36; *ders.*, in: J. Krüper ua (Hrsg.), FS f. M. Morlok, 2019, S. 3 (17 f.).

dass es für den am Modell der griechischen Polis orientierten Republikanismus kennzeichnend sei, dass die Bürger durch ihren Freiheitswillen verbunden seien[51] und jeder despotischen bzw. Willkürherrschaft widerstehen.[52] Die *gleiche Freiheit* – allerdings nicht im Sinne subjektiver Freiheit, die eine Erfindung der Neuzeit ist, sondern im Sinne öffentlicher Freiheit[53] – sei somit das *Legitimationsprinzip der Republik, nicht* der Demokratie; deshalb gebühre dem Republikprinzip systematisch der Vorrang.[54]

---

[51] *R. Gröschner*, Weil Wir frei sein wollen, 2016, S. 11; ähnlich *ders.*, in: J. Krüper ua (Hrsg), FS f. M. Morlok, 2019, S. 17; sa *ders.*, in: ders./O. Lembcke (Hrsg.), Freistaatlichkeit, 2011, S. 293 (311), wo er betont, dass die Republik das altertümliche, die Menschenwürde das neuzeitliche Legitimationsprinzip eines Freistaates sei und beide Prinzipien den Staat des Grundgesetzes aus Freiheit legitimieren: „die Republik aus der Freiheit aller, die Menschenwürde aus der Freiheit aller Einzelnen."

[52] Dazu, dass die Republik wesensmäßig antidespotisch ist, *R. Gröschner*, in: HdbStR II³, 2004, § 23 Rn. 14 f., 21, 36, 51 u. *pass.*, zum Widerstandsrecht des Art. 20 Abs. 4 GG Rn. 49; *ders.*, in: J. Krüper ua (Hrsg), FS f. M. Morlok, 2019, S. 17; sa *ders.*, in: M. Anderheiden ua (Hrsg.), GS f. W. Brugger, 2013, S. 463 (476, 478).

[53] *R. Gröschner*, Weil Wir frei sein wollen, 2016, S. 61.

[54] Siehe *R. Gröschner,* JZ 2014, S. 674 (677 f.); vgl. auch *ders.*, in: ders./O. Lembcke (Hrsg.), Freistaatlichkeit, 2011, S. 293 (322 ff.), zum Fundierungsverhältnis der Republik und dem Verhältnis zum Demokratieprinzip, das im Unterschied dazu eben kein Konstitutionsprinzip des Grundgesetzes sei. An anderer Stelle wendet er sich gegen Martin Morloks These, dass die demokratische Herrschaftslegitimation heute „alternativlos" sei (s. *M. Morlok/L. Michael*, Staatsorganisationsrecht, 6. Aufl. 2023, Rn. 121) und führt zunächst zur Klarstellung aus, dass die von ihm selbst als primär betrachtete republikanische Herrschaftslegitimation die demokratische Legitimation staatlicher Herrschaft nicht aus-, sondern einschließe, s. *ders.*, in: J. Krüper ua (Hrsg.), FS f. M. Morlok, 2019, S. 3 (4). An dem von ihm postulierten systematischen Vorrang des Republikprinzips im Verhältnis zum Demokratieprinzip ändere dies jedoch nichts.

„Renaissance des Republikanismus"

An diesem Punkt setzt meine Kritik an: Es ist zweifellos sehr hilfreich, sich den ideen- und verfassungsgeschichtlichen Hintergrund sowie die historische Genese von Begriffen zu vergegenwärtigen, insbesondere wenn sie als einflussreiche ‚Großbegriffe' bzw. als Kern fundamentaler Verfassungs- und Staatsstrukturprinzipien unser Verfassungsleben prägen. Aber dies darf nicht dazu führen, dass der Blick darauf versperrt wird, dass der Bedeutungsgehalt eines altehrwürdigen Begriffs sich in neuen Kontexten auch verändern kann, an unterschiedlichen Punkten beginnende Entwicklungsstränge sich teils miteinander verflechten oder sogar zu etwas Neuem verschmelzen können. Es ist keineswegs gesagt, dass die ursprüngliche Bedeutung eines Begriffs sich dann stets unverändert aus dieser neuen Konstellation herausdestillieren lässt und alles andere nur Beiwerk ist.

So verhält es sich meines Erachtens auch mit der in der griechisch-römischen Antike wurzelnden Republiktradition: Anders als einige meinen, geht sie nach meiner Auffassung zwar keineswegs völlig im Demokratie- und Rechtsstaatsprinzip auf; aber manches, was im antiken Denken der ‚Republik' zugeordnet wurde, kann heute tatsächlich präziser und differenzierter im Demokratie- und Rechtsstaatsprinzip verortet werden.[55] Gleichwohl besitzt auch das Republikprinzip einen Eigenstand (s. unten V. 1). Wenn ihm aber – explizit auch in Bezug auf das Grundgesetz – ein systematischer Vorrang vor dem De-

---

[55] Vgl. *H. Dreier*, in: Dreier (Hrsg.), GG II³, Art. 20 (Republik) Rn. 21, der dem Republikprinzip daher aber einen über die antimonarchische Stoßrichtung hinausgehenden Gehalt – m. E. zu Unrecht – abspricht; s. unten V. 1.

mokratieprinzip zuerkannt wird, so trägt dies aus meiner Sicht der „kopernikanische[n] Wende",[56] die sich mit den revolutionären Menschenrechtserklärungen im Zeitalter der Aufklärung vollzogen hat, nicht hinreichend Rechnung. Darauf möchte ich im Folgenden näher eingehen.[57]

2. Menschenrechtsidee und Legitimität: Das Fundament des demokratischen Verfassungsstaats

a) Menschenrechtliche Fundierung des Staates

aa) Staatsbegründende und staatsbegrenzende Funktion der Menschenrechte

Mit den Menschenrechtserklärungen der beiden großen Revolutionen der Neuzeit, also der revolutionären Ablösung der ehemals britischen Kolonien in Nordamerika vom Mutterland und der französischen Revolution, betritt erstmals das autonome Individuum die Bühne der politischen Philosophie und bewirkt eine entscheidende Veränderung im Hinblick auf die alte Frage nach der *Legitimität der staatlichen Ordnung*:[58] Fortan soll diese nur noch unter der Voraussetzung als *legitim* gelten, dass sie die – nach aufklärerischer Vorstellung: naturgegebenen und unveräußerlichen – *Rechte des Menschen sichert.*

Die Virginia Bill of Rights von 1776, die anderen einzelstaatlichen US-amerikanischen Rechteerklärungen und

---

[56] Vgl. *H. Hofmann*, JZ 1992, S. 165 (167).
[57] Zur republikanischen Lesart der Volkssouveränität im Zusammenhang mit dem Demokratieprinzip s. unten V. 2.b).
[58] Instruktiv zur „alte[n] Frage nach der Rechtfertigung des Staates, beginnend bei Platon bis zu den Herausforderungen der Gegenwart", *J. Isensee*, JZ 1999, S. 58 ff.

die Declaration of Independence, ebenfalls von 1776, dienten also ebenso wie die berühmte Déclaration des droits de l'homme et du citoyen von 1789 der Rechtfertigung des revolutionären Geschehens über den verfassungsrechtlichen Schutz der Menschenrechte, die in der alten Ordnung missachtet worden waren.[59] Dem stark naturwissenschaftlich-technischen Wissenschaftsverständnis der Aufklärungszeit entsprechend werden Herrschaftsverhältnisse im Sinne einer „Mechanik der Vergesellschaftung", wie sie in der Lehre vom Naturzustand durchgespielt wird, nun *„more geometrico"* auf Basis eines methodischen Individualismus ausgehend vom Individuum als kleinster Einheit und autonomen Produzenten seiner (Geschichts-)Welt in Ausrichtung am Ziel des Menschenrechtsschutzes neu konstruiert:[60] „Le but de toute association politique est la conservation des droits naturels et imprescriptibles de l'homme [...]", heißt es in Art. 2 der Déclaration von 1789. Den Menschenrechten wird damit einerseits eine *herrschaftsbegründende* Funktion zugesprochen; so werden sie bspw. in der Präambel der Virginia Bill of Rights als „basis and foundation of

---

[59] *P. Graf v. Kielmansegg*, in: J. Schwartländer (Hrsg.), Menschenrechte und Demokratie, 1981, S. 104; *H. Hofmann*, Der Staat 34 (1995), S. 17 f. Mit dem revolutionären Umbruch in der ‚neuen Welt' entstand eine Situation, in der das in der Lehre vom Naturzustand als reines Gedankenexperiment durchgespielte ‚Heraustreten des Menschen aus seinen Herkunftsbindungen' für die amerikanischen Siedler plötzlich eine politisch-praktische Bedeutung gewann und sie unter Berufung auf die in den bills of rights verbrieften angeborenen Rechte ‚aller Menschen' (anstelle der überkommenen Rechte ‚aller Engländer') den Abfall vom Mutterland rechtfertigen konnten, s. *A. Siehr*, Die Deutschenrechte des Grundgesetzes, 2001, S. 77 f.
[60] Dazu und zur Lehre vom Naturzustand eingehend *H. Hofmann*, Recht – Politik – Verfassung, 1986, S. 101 ff.

government" bezeichnet.[61] Andererseits soll ihnen aber auch eine *herrschaftsbegrenzende* Funktion zukommen, d. h. der Staat gründet sich nicht nur auf die Menschenrechte, sondern innerhalb des menschenrechtlich fundierten Staates limitieren die – regelmäßig als Grundrechte positivierten – Menschenrechte dann seine rechtmäßige Herrschaftsausübung und setzen ihr Schranken.

Dies setzt einen nicht mehr hintergehbaren Standard für die Legitimität des westlichen Verfassungsstaats. Im Grundgesetz kommt dies sogar besonders deutlich zum Ausdruck: Art. 1 Abs. 2 enthält ein Bekenntnis zu „unverletzlichen und unveräußerlichen Menschenrechten als Grundlage jeder menschlichen Gemeinschaft, des Friedens und der Gerechtigkeit in der Welt"; Absatz 3 statuiert dann die Bindung der Gesetzgebung, vollziehenden Gewalt und Rechtsprechung durch die „nachfolgenden Grundrechte [...] als unmittelbar geltendes Recht." Bekanntlich hat der Gedanke, dass die Grundrechte die Ausübung der Staatsgewalt limitieren, zudem in einer mittlerweile sehr ausgefeilten Grundrechtsdogmatik Niederschlag gefunden.

Der neuzeitliche Ansatz in der Legitimitätsfrage überschneidet sich mit der antiken Republiktradition insofern, als es in beiden Fällen um das Leitmotiv politischer Herrschaft auf Basis gleicher Freiheit geht. In der griechischen Polis ist damit aber, wie auch *Gröschner* betont, eine „Gemeinschaft freier Menschen [...] (Politika III 6)", also allein die öffentliche Freiheit gemeint,[62] während die

---

[61] Dazu *A. Siehr*, Die Deutschenrechte des Grundgesetzes, 2001, S. 78.
[62] Siehe dazu oben bei Fn. 53.

„gleiche Freiheit als individuelle Freiheit von Subjekten der Menschenwürde [...] eine Erfindung der Neuzeit" ist.[63] Der Gedanke, dass gar *alle Menschen* frei und gleich an Rechten geboren seien und das politische Gemeinwesen sich über den Schutz der Rechte ‚des Menschen' (im Singular!) legitimieren müsse, ist der Antike völlig fremd.[64] *Gröschner* beschreibt die philosophische Leitidee der Republik als das „gelingende Zusammenleben in einer Gemeinschaft von Freien und Gleichen in Wechselwirkung zwischen dem Ganzen und den Teilen dieser Gemeinschaft: zwischen der *polis* und ihren *politai*, der *civitas* und ihren *cives* oder, so bei *Rousseau* [...], der cité und ihren *citoyens*, pointiert: Zwischen der Republik und den sie konstituierenden Republikanern."[65] Hier komme eine „spezifisch republikanische Reziprozität zwischen der Bürgerschaft und den einzelnen Bürgern" zum Ausdruck, die „weder in das individualistische noch in das kollektivistische Extrem" verfalle.[66]

Dies ist eine treffende Beschreibung republikanischen Gemeinschaftsdenkens und speziell der Staatsgründungsakt lässt sich auch bezogen auf das Grundgesetz wohl kaum ohne Rückgriff auf ein republikanisches ‚wir' plausibel rekonstruieren. Doch steht dieses kollektive ‚wir' hier im engsten Zusammenhang mit einer republikanischen Rekonstruktion der Menschenwürdegarantie des Art. 1 Abs. 1 GG in ihrer Funktion als Staatsfundamentalnorm.

---

[63] *R. Gröschner*, Weil wir frei sein wollen, 2016, S. 60 f.
[64] Gleiches gilt natürlich für den methodischen Individualismus des aufklärerischen Denkens, s. oben bei Fn. 60.
[65] *R. Gröschner*, JZ 2014, S. 674 (676).
[66] *R. Gröschner*, JZ 2014, S. 674 (677).

Darauf wird noch zurückzukommen sein.[67] Hier ist vorerst nur festzuhalten, dass Art. 1 Abs. 1 GG natürlich beim Individuum ansetzt und der Umstand, dass auch die Vermittlung zwischen dem Subjekt der Menschenwürde und dem kollektiven ‚wir' der im Staatsgründungsakt auf die Menschenwürdenorm rekurrierenden Teilhaber an der verfassunggebenden Gewalt gelingen muss,[68] nichts daran ändert, dass sich die Legitimitätsfrage im westlichen Verfassungsstaat am autonomen Subjekt bzw. am Schutz der ‚Freiheit des Menschen' orientiert, und zwar sowohl in ihrer persönlichen als auch in ihrer politischen Dimension.[69] Folglich obliegt dem Staat bei Freiheitsbeschränkungen auch eine Rechtfertigungslast gegenüber dem Individuum und nicht etwa gegenüber der Gemeinschaft. Das bedeutet natürlich nicht, dass die Gemeinschaft und Gemeinschaftswerte hier keine Rolle spielen würden. Viele dieser Fragen wurden ja auch in der Liberalismus-

---

[67] Siehe dazu im Einzelnen unten V. 2.a).
[68] Siehe dazu im Einzelnen unten V. 2.b) (mit Fn. 165).
[69] Wie *H. Buchheim*, Der neuzeitliche republikanische Staat, 2013, S. 63, betont: „Freiheit als innerweltliche Autonomie der individuellen Person bedeutet auch Fähigkeit und Berufung zur Selbstbestimmung." Dazu, dass die ‚Freiheit des Menschen' iSv Art. 1 Abs. 1 GG nicht nur die persönliche, sondern auch die politische Dimension der Freiheit erfasst, unten III.2.b) und V. 2.b). Zur politischen Dimension des Autonomieprinzips, die sich in Ansprüchen auf politische Mitbestimmung artikuliert, *H. Hofmann*, JZ 1992, S. 165 (169 f.). Allg. zu verschiedenen Dimensionen der Menschenwürde *A. Siehr*, Die Deutschenrechte des Grundgesetzes, 2001, S. 53 ff., zu den Konsequenzen für die Demokratiebegründung S. 81 f. mwN; zu ihrer historischen Kontextualisierung *dies.*, in: D. von der Pfordten / P. Gisbertz-Astolfi (Hrsg.), Menschenwürde, 2022, S. 173 (174 ff.); dazu, dass Freiheit als archimedischer Punkt der Verfassungsordnung die individuelle und die kollektive Selbstbestimmung meint, ebd., S. 185.

Kommunitarismus-Debatte sehr lebhaft diskutiert, wobei ein Teil des scheinbaren Dissenses allerdings auch auf Missverständnissen beruhte.[70]

bb) Inklusion und Exklusion oder: Wer gehört zu den Freien und Gleichen?

Auch die Frage, wer eigentlich zu den ‚Freien und Gleichen' gehört, die sowohl für die griechische Polis als auch im demokratischen Verfassungsstaat so zentral sind, wurde durch die Menschenrechtsidee auf eine neue Grundlage gestellt. In der griechischen Polis war der öffentliche Raum sehr exklusiv einer kleinen Gruppe freier wohlhabender Männer vorbehalten; Frauen, Sklaven und Metöken waren bekanntlich von jeder Mitwirkung ausgeschlossen. Aber auch die Neukonstituierung des Staates auf Basis der gleichen Freiheit ‚des Menschen', dessen Rechte er zu garantieren habe, hatte ihre blinden Flecke: In den Vereinigten Staaten von Amerika verbot man erst nach Ende des amerikanischen Bürgerkriegs im Jahr 1865 – also lange nach der Proklamation der Menschenrechte – offiziell die Sklaverei (!).

Auch Frauen waren dort zunächst ebenso exkludiert wie in der Antike; im Jahr 1920 wurde ihnen schließlich durch das 19. Amendment das Wahlrecht auf nationaler Ebene zuerkannt. In Frankreich erhielten Frauen sogar erst 1944 das Wahlrecht; die berühmte Erklärung der Menschen- und Bürgerrechte von 1789 galt also faktisch lange Zeit nur für Männer. *Olympe des Gouges*, die in ihrer

---

[70] Dazu *A. Siehr*, Die Deutschenrechte des Grundgesetzes, 2001, S. 271 ff.

„Erklärung der Rechte der Frau und Bürgerin von 1791" darauf aufmerksam machte, wurde 1793 von einem Revolutionstribunal wegen angeblicher Propaganda für die Wiedererrichtung der Monarchie zum Tode verurteilt. Zur Begründung hieß es: „Ein Staatsmann wollte sie sein, und das Gesetz hat die Verschwörerin dafür bestraft, dass sie die Tugenden vergaß, die ihrem Geschlecht geziemen."[71]

Auf den ersten Blick könnte man also meinen, dass die Menschenrechtserklärungen des ausgehenden 18. Jahrhunderts an den Mechanismen für Inklusion und Exklusion nicht viel geändert haben. Der entscheidende Unterschied ist jedoch, dass es in der griechischen Polis nichts gab, was man einer Exklusion aus dem Kreis der Freien und Gleichen hätte entgegenhalten können, während den universalistischen Menschenrechten der Anspruch auf Inklusion aller Menschen inhärent ist und sie damit einen *Maßstab* beinhalten, an dem die politische Wirklichkeit sich messen lassen muss. Die Menschenrechtserklärungen haben somit einen Prozess in Gang gesetzt, der seine Zeit benötigte, aber doch die innere Dynamik besaß, um solche eklatanten Widersprüche zu den angeborenen Rechten ‚des Menschen' im Laufe der Entwicklung schrittweise zu entlarven und zu überwinden. Insofern gibt das Grundgesetz einen Entwicklungsstand wieder, der der ursprünglichen Idee der Menschenrechte sehr viel besser entspricht als die Rechtslage zum Zeitpunkt der Proklamation der Menschenrechtserklärungen. Die gleiche Freiheit folgt daher heute in erster Linie aus der verfassungsrechtlichen Positivierung von Menschen-

---

[71] S. K. Rosenberger / B. Sauer, Politikwissenschaft und Geschlecht, 2004, S. 66.

würde und Menschenrechten und nicht aus dem Republikprinzip.[72] Dies gilt selbst dann, wenn man *Gröschner* in der Auffassung folgt, dass das objektive Freiheitsprinzip der antiken Republiktradition durch den Ausschluss von Frauen, Sklaven und Fremden nicht berührt werde.[73] Der entscheidende Punkt ist, dass es aber eben auch keinen Maßstab enthält, der über diese Exklusionen hinausdrängte und zu unseren heutigen verfassungsrechtlichen Anforderungen passt.

b) Gleichursprünglichkeit von Menschenrechtsidee und Volkssouveränität

Nicht zuletzt hat die menschenrechtliche Fundierung des Staates aber auch die Demokratie, die ebenfalls antike Vorläufer hat,[74] auf eine neue Grundlage gestellt: Zum einen ist die sich auf alle Mitglieder des Gemeinwesens beziehende staatsbürgerliche Gleichheit Voraussetzung für unser Verständnis von Demokratie. Zum anderen folgt dies aus dem mit der Würdenorm des Art. 1 Abs. 1 S. 1 GG gesetzten Axiom, dass der Mensch als Mensch mit dem Recht auf Selbstbestimmung ausgestattet und damit von

---

[72] So aber *R. Gröschner*, s. dazu oben bei Fn. 55.

[73] *R. Gröschner*, in: M. Anderheiden ua (Hrsg.), GS f. W. Brugger, 2013, S. 463 (476): Dieser sei eine historische Tatsache, die das objektive Freiheitsprinzip der aristotelischen *politeia* jedoch ebenso wenig berühre wie die ideengeschichtliche Wahrheit, dass subjektive Freiheitsrechte vor der Aufklärung undenkbar gewesen seien.

[74] Bei Aristoteles galt sie allerdings noch als despotische Staatsform, s. *R. Gröschner*, in: HdbStR II³, 2004, § 23 Rn. 15, unter Verweis auf Politika IV 11, wo Aristoteles ausführt, dass die Demokratie den Interessen des einfachen und armen Volkes diene, den Armen aber die Muße zur Entfaltung ihres Logos fehle.

Rechts wegen sein eigener Herr ist.[75] Das Demokratieprinzip steht nicht nur im engen Zusammenhang mit der in Art. 20 Abs. 2 GG verankerten Volkssouveränität, sondern auch mit dem durch Art. 1 Abs. 1 GG garantierten Recht des Menschen auf Selbstbestimmung. Denn ‚sein eigener Herr' zu sein, bedeutet eben gerade auch *Selbstregierung* durch Ausübung politischer Teilhaberechte in einem repräsentativ-demokratischen System.

Richtig ist jedoch, dass das Verhältnis von individueller Selbstbestimmung und kollektiver Autonomie auf staatlicher Ebene nicht ganz spannungsfrei ist und auf unterschiedliche Weise versucht wurde, zwischen beidem zu vermitteln.[76] In der maßgeblich von *John Locke* beeinflussten Virginia Bill of Rights, die den nachfolgenden einzelstaatlichen Rechteerklärungen als Vorbild diente, liegt der Akzent insoweit stärker auf der eigenen freien Entscheidung der Menschen über die von ihnen eingesetzte Regierung.[77] Bei *Rousseau* ist es hingegen die *Selbstgesetzgebung*

---

[75] Wie *H. Hofmann* betont, ist dieser Gedanke seit der Rede „De dignitate hominis" von 1486 des Florentiners Giovanni Pico della Mirandola in der europäischen Geistesgeschichte lebendig (wurde in der NS-Zeit allerdings auf brutalste Weise negiert), s. *ders.*, AöR 118 (1993), S. 353 (358 mwN); sa *A. Siehr*, Die Deutschenrechte des Grundgesetzes, 2001, S. 57 mwN in Fn. 144; *dies.*, in: D. von der Pfordten/P. Gisbertz-Astolfi (Hrsg.), Menschenwürde, 2022, S. 173 (186); allg. *C. Enders*, Die Menschenwürde in der Verfassungsordnung, 1997, S. 11, 147, 491 ff. u. *pass.*

[76] Siehe zu der Verbindung, Differenz und Spannung zwischen individueller Selbstbestimmung und kollektiver Autonomie *H. Hofmann*, JZ 1992, S. 165 ff.

[77] Zum Einfluss Lockes auf die Virginia Bill of Rights (1776), auf die Massachusetts Declaration of Rights (1780) und andere Bills of Rights s. *A. Siehr*, Die Deutschenrechte des Grundgesetzes, S. 31 u. S. 37 mit Fn. 86, S. 79 f.

in Form des allgemeinen Gesetzes, die die Vereinbarkeit der Vergesellschaftung mit der angeborenen Freiheit des Menschen sichert.[78] Für ihn stellte sich der Brückenschlag hin zu einer an der *volonté générale* orientierten Kollektivierung individueller Autonomie somit als unproblematisch dar. *Rousseaus* Denken hat – dank des Einflusses von *Sieyès* allerdings um die kontraktualistischen Elemente verkürzt[79] – auch Eingang in die berühmte Déclaration des droits de l'homme et du citoyen von 1789 gefunden: Ihr Art. 6 bezeichnet das Gesetz als Ausdruck der *volonté générale* und gibt allen Bürgern das Recht, daran persönlich oder durch ihre Vertreter mitzuwirken. Auch *Kant* betont die Bedeutung des allgemeinen Gesetzes, da sich Freiheit überhaupt erst über das allgemeine Gesetz verwirkliche,[80] denkt dabei aber an den Modus der Repräsentation.[81]

---

[78] Dies ist in Kurzform die Antwort auf die von Rousseau im 6. Kap. des Contrat Social, Buch I, formulierte Aufgabenstellung: „Finde eine Form des Zusammenschlusses, die mit ihrer ganzen gemeinsamen Kraft die Person und das Vermögen jedes einzelnen Mitglieds verteidigt und schützt und durch die doch jeder, indem er sich mit allen vereinigt, nur sich selbst gehorcht und genauso frei bleibt wie zuvor". Seine Lösung: „Gemeinsam stellen wir alle, jeder von uns seine Person und seine ganze Kraft unter die oberste Richtschnur des Gemeinwillens; und wir nehmen, als Körper, jedes Glied als untrennbaren Teil des Ganzen auf. [...]. Diese öffentliche Person, die so aus dem Zusammenschluss aller zustande kommt, trug früher den Namen Polis, heute trägt sie den der Republik oder der staatlichen Körperschaft,", s. *J.-J. Rousseau*, Vom Gesellschaftsvertrag, neu übersetzt und hrsg. v. H. Brockard, 1979, S. 17 ff.
[79] S. dazu *K. Herb*, Bürgerliche Freiheit, 1999, S. 147 f.
[80] Dies ist bereits in seinen Rechtsbegriff eingeschrieben, dazu *A. Siehr*, Das Recht am öffentlichen Raum, 2016, S. 159 mwN. Zum Postulat der Allgemeinheit des Gesetzes eingehend *H. Hofmann*, in: Verfassungsrechtliche Perspektiven, 1995, S. 260 (bes. 275 ff.).
[81] Die gesetzgebende Gewalt kann nach Kant „nur dem ver-

Auch wenn der Perspektivenwechsel vom autonomen Individuum zum kollektiven ‚wir' des Volkes aus Gründen, die hier nicht näher ausgeführt werden können, nicht ganz so bruchlos gelingen mag, wie *Rousseau* sich das vorgestellt hat,[82] lässt sich kaum bestreiten, dass es dank des Autonomieprinzips des Art. 1 Abs. 1 GG, konkreter: des Rechts des Menschen auf Selbstbestimmung, einen gemeinsamen Wurzelgrund gibt, auf dem die individuelle Freiheitsbetätigung (einzeln oder in Gruppenform) ebenso gedeiht wie die politische Selbstbestimmung durch die Ausübung politischer Rechte. Wie *Hasso Hofmann* treffend formuliert hat, sind die Menschenrechtserklärungen des ausgehenden 18. Jahrhunderts als „Proklamationen der Autonomie" in die Geschichte ein-

einigten Willen des Volkes zukommen", woraus für ihn folgt, dass „alle wahre Republik" nichts anderes ist und sein kann „als ein *repräsentatives System* des Volks, um im Namen desselben, durch alle Staatsbürger vereinigt, vermittelst ihrer Abgeordneten [...] ihre Rechte zu besorgen", s. *I. Kant*, Metaphysik der Sitten, Einl. in die Rechtslehre. 2. Teil: Das öffentliche Recht, § 52, in: I. Kant, Werke in zehn Bd., hrsg. v. W. Weischedel (Fn. 8), Bd. 7, S. 462 (464). Rousseau lehnt eine Repräsentation dagegen strikt ab, sie sei unverträglich mit dem Prinzip der Volkssouveränität, s. *K. Herb*, Bürgerliche Freiheit, 1999, S. 109 f. Wie Art. 6 der Déclaration von 1789 zeigt, setzt er sich damit aber offenkundig nicht durch.

[82] Krit. am Konzept der *volonté générale* und daran, dass kollektive Entscheidungsgewalt nicht einfach als Summe individueller Autonomie zu begreifen sei, *P. Graf v. Kielmansegg*, Volkssouveränität, 1977, bes. S. 148 ff. (bes. 150), 243 ff.; *ders.*, in: J. Schwartländer (Hrsg.), Menschenrechte und Demokratie, Bd. 2, 1981, 99 (101 ff.); sa *K. Herb*, Bürgerliche Freiheit, 1999, S. 46 (49 f., 53, 55, 108 ff.), 113 f., 187 ff. u. *pass.*). Zum komplizierten Verhältnis von Menschenrechtsschutz und Volkssouveränität als zwei Bedingungen rechtmäßiger Herrschaft auch *A. Siehr*, Die Deutschenrechte des Grundgesetzes, 2001, S. 82 ff. mwN; zu Ansätzen, die vom Bild einer ‚Kollektivperson Volk' abweichen, s. unten Fn. 165.

gegangen und resultieren aus einer „kopernikanischen Wende im Rechtsdenken".[83] Dies markiert eine Zäsur im Nachdenken über Staat und Verfassung, und zwar insbesondere im Hinblick auf die Legitimitätsfrage, und gilt speziell auch für eine an den Menschenrechten orientierte Demokratiebegründung: Das Bekenntnis zu den Menschenrechten „als Grundlage jeder menschenrechtlichen Gemeinschaft" (Art. 1 Abs. 2 GG) bedeutet heute, dass „jede politische Ordnung dem Postulat der individualrechtlich verwurzelten Autonomie zu unterstellen" ist.[84] Nur der Einzelne kann demnach Träger jener Rechte sein, die das Gemeinwesen konstituieren.

Das wird leicht vergessen, wenn allein die in Art. 20 Abs. 2 GG deutlich werdende Verortung des Demokratieprinzips in der Volkssouveränität betont wird. Tatsächlich weist das Grundgesetz jedoch zwei Zugänge zum Demokratieprinzip aus, wobei einer bei dem in Art. 1 Abs. 1 GG verankerten Autonomieprinzip, der zweite bei der Volkssouveränität ansetzt. Das heißt, Demokratie als notwendige Bedingung rechtmäßiger Herrschaft folgt einerseits aus dem absichtsvoll an der Spitze der Verfassung stehenden Menschenwürdesatz, genauer: aus dem Axiom, dass der Mensch als Mensch mit dem Recht auf Selbstbestimmung ausgestattet und damit von Rechts wegen ‚sein eigener Herr' ist. Wie oben schon anklang, verlangt dies nicht nur nach persönlicher, sondern auch nach politischer Freiheit, also nach ‚Selbstregierung'. Dies

---

[83] *H. Hofmann*, JZ 1992, S. 165 (167 f.); er betont, dass *autonomia* im vollen, zuerst von *Herodot* gebrauchten Sinne, die innere und äußere politische Freiheit von externer Abhängigkeit *und* interner Tyrannei meine.
[84] *H. Hofmann*, JZ 1992, S. 165 (168).

wird im Folgenden durch weitere (auch) für die Demokratie bedeutsame Grundrechte wie bspw. Meinungs-, Versammlungs- oder Vereinigungsfreiheit sowie durch Bürgerrechte, vor allem durch das Wahlrecht als Königsrecht der Demokratie, flankiert. Das Demokratieprinzip resultiert jedoch andererseits natürlich auch aus dem in Art. 20 Abs. 2 GG normierten Prinzip der Volkssouveränität, wonach alle Staatsgewalt vom Volke ausgeht und von diesem in Wahlen und Abstimmungen und durch besondere Organe der Gesetzgebung, der vollziehenden Gewalt und der Rechtsprechung ausgeübt wird.

Die durch die berühmte Déclaration von 1789 dokumentierte *Gleichursprünglichkeit* von Menschenrechten und Volkssouveränität ist aber wohl ebenso wenig ein Zufall wie der dort im Textaufbau erkennbare systematischen Zusammenhang: Nach Art. 1 S. 1 der Déclaration sind und bleiben die Menschen von Geburt frei und gleich an Rechten; nach Art. 2 S. 1 ist das Ziel jeder politischen Vereinigung die Erhaltung der natürlichen und unveräußerlichen Menschenrechte und Art. 3 lautet: „Le principe de toute souveraineté réside essentiellement dans la Nation. Nul corps, nul individu ne peut exercer d'autorité qui n'en émane expressément."[85]

Der Schutz der Menschenrechte und die dadurch und durch die Volkssouveränität neu fundierte demokratische Herrschaft wurden als Bedingungen rechtmäßiger Herrschaft durch die Menschenrechtserklärungen des ausgehenden 18. Jahrhunderts in dieser Form ganz neu

---

[85] In der Virginia Bill of Rights taucht anstelle des Begriffs der Volkssouveränität in Sec. 2 die alte Denkfigur vom Volk als dem ursprünglichen Träger aller Herrschaftsgewalt auf: „That all power is vested in, and consequently derived from the people."

gesetzt. Daher kann das in der griechisch-römischen Antike wurzelnde Republikprinzip im Hinblick auf die verfassungsstaatliche Legitimität heute auch keinen systematischen Vorrang vor dem Demokratieprinzip beanspruchen.[86] Die Feststellung von *Martin Morlok* und *Lothar Michael*, dass die Demokratie als Legitimationsformel staatlicher Herrschaft alternativlos geworden sei,[87] ist insofern aus meiner Sicht zutreffend.

Gleichwohl stimme ich mit *Rolf Gröschner* darin überein, dass das Republikprinzip nicht rein formal als Vernei-

---

[86] So aber R. *Gröschner*, JZ 2014, S. 674 (677 f.), s. dazu im Einzelnen oben bei Fn. 41 ff., sa Fn. 54. Auf den Umstand, dass die gleiche Freiheit heute aus der Positivierung der Menschenwürde und der Menschenrechte folgt, war IIII unter III.2.a)bb) schon hingewiesen worden. Soweit Gröschner damit argumentiert, dass die Volkssouveränität sich nicht auf das politische Volk, sondern auf das rechtlich verfasste Volk, also den pouvoir constitués, beziehe und daher auch nur Quelle demokratischer Legitimation, nicht aber republikanischer Legitimität sein könne, die er allein der Autonomie des politischen Volkes als pouvoir constituant zuordnet (s. R. *Gröschner*, Weil wir frei sein wollen, 2016, S. 105 f.), so ist dem entgegenzuhalten, dass zum einen fraglich ist, ob sich diese Trennung so aufrechterhalten lässt. Gerade ein republikanisches Denken setzt meist darauf, dass es sich beim Staatsgründungsakt um einen im Verfassungsstaat stets aufs Neue zu belebenden prozesshaften Vorgang handele; s. dazu unten V. 2.b). Zum anderen führt aber auch von der von R. Gröschner (neben der Republik) als zweites Konstitutions- und Legitimationsprinzip des Grundgesetzes angeführten Menschenwürde (s. *ders.*, in: ders./Lembcke [Hrsg.], Freistaatlichkeit, 2011, S. 293 [304, 311]), wie oben dargelegt, über das dort verankerte Recht auf Selbstbestimmung ein Weg zum Demokratieprinzip. Anders als Gröschner, aaO, S. 314, meint, sichert die Menschenwürde eben nicht nur die individuelle Freiheit des Menschen.
[87] Siehe M. *Morlok*/L. *Michael*, Staatsorganisationsrecht, 6. Aufl. 2023, Rn. 121; aA R. *Gröschner*, in: J. Krüper ua (Hrsg.), FS f. M. Morlok, 2019, S. 3 (4 ff.).

nung der Monarchie zu verstehen ist. Es muss also darum gehen – ungeachtet gewisser Überschneidungen mit dem Demokratie- und Rechtsstaatsprinzip – republikanische Gehalte sichtbar zu machen, die von diesen Prinzipien nicht erfasst werden. Das wirft die Frage auf, wie der Brückenschlag zwischen der antiken Republiktradition zu den spezifischen Anforderungen des Verfassungsstaates gelingen kann. Hier liefert die auch von *Rolf Gröschner* sehr geschätzte[88] Hannah Arendt interessante Ansatzpunkte.[89]

c) Hannah Arendt: Von der griechischen Polis zum neuzeitlichen Verfassungsstaat

Arendts Reflexionen in „Vita activa" laufen auf eine Rekonstruktion des aristotelischen Begriffs der ‚Praxis' hinaus. Sie differenziert hier zwischen unterschiedlichen menschlichen Tätigkeiten verschiedener Wertigkeit: Das Arbeiten, das in erster Linie den Notwendigkeiten der Reproduktion, Pflege und Erhaltung des menschlichen Lebens diene und im Kreislauf des Lebensprozesses endlos zu wiederholen sei, steht danach auf der untersten Stufe menschlicher Tätigkeiten.[90] Auf der mittleren Stufe

---

[88] Siehe etwa *R. Gröschner/O. Lembcke*, in: dies. (Hrsg.), Freistaatlichkeit, 2011, S. V, wo der republikanische Geist, den die Klassikertexte der Freistaatlichkeit von Aristoteles bis H. Arendt atmen, betont wird; sa *R. Gröschner*, in: J. Krüper ua (Hrsg.), FS f. M. Morlok, 2019, S. 3 (5); vgl. auch *ders.*, Weil wir frei sein wollen, 2016, S. 49 f., wo er die feste Verwurzelung Arendts in der aristotelischen Tradition betont.
[89] Zum Bezug, den dies zum öffentlichen Raum im Verfassungsstaat aufweist, s. unten V. 2.d).
[90] Diese finden im privaten Raum des *Oikos*, also der Haus- und Wirtschaftsgemeinschaft, statt, s. *H. Arendt*, The Human Condition,

„Renaissance des Republikanismus"

ist bei ihr das Herstellen von Dingen angesiedelt, deren der Mensch in der Welt bedarf und über die sich, da diese Dinge von einer gewissen Dauerhaftigkeit sind, die menschliche Welt auch mitkonstituiert. Die höchste Stufe menschlicher Tätigkeiten markiert nach *Arendt* hingegen das ‚Handeln', das immer nur in Bezug auf andere und mit ihnen zusammen erfolgen könne. Es hat – und hier scheint der Gedanke der *res publica* auf – die *allen gemeinsamen Angelegenheiten* zum Gegenstand. Dem Leitbild der griechischen Polis entsprechend beweisen sich die *besonderen Qualitäten und Fähigkeiten des Menschen als* Mensch *erst im Handeln in der Agora*. Es bedurfte daher nicht nur aus praktisch-politischen Gründen des Versammlungsraums, um die allen gemeinsamen öffentlichen Angelegenheiten zu verhandeln, sondern er galt auch als ‚Erscheinungsraum' für das agonale Handeln, wo sich der Einzelne durch seine Vortrefflichkeit vor anderen auszeichnen konnte. Das erklärt die zentrale Bedeutung des öffentlichen Raumes der Agora: Erst über das agonale Handeln konstituiert sich die Polis und, so *Hannah Arendt*: „nicht Athen, sondern die Athener waren die Polis."[91]

Dies prägt den Republikanismus bis heute: Der Fokus liegt auf der im freiheitlichen politischen Handeln liegenden Verbindung der Bürgerinnen und Bürger, die ihre gemeinsamen Angelegenheiten im öffentlichen Raum ver-

---

1958, hier zit. nach der dt. Ausgabe Vita activa oder Vom tätigen Leben, 6. Aufl. 2007, S. 38 (43); s. zu der von Arendt vorgenommen Differenzierung zwischen verschiedenen menschlichen Tätigkeiten auch *A. Siehr*, Das Recht am öffentlichen Raum, 2016, S. 134 ff., allg. zu Arendt S. 132–160 u. *pass.*

[91] *H. Arendt*, Vita activa, 6. Aufl. 2007, S. 244.

handeln. Mindestens ebenso wichtig ist aber, dass *Arendt* in „Vita activa" auch die Gräben zwischen antiker Tradition und neuzeitlichen Vorstellungen zu überwinden vermag. Dies bezieht sich sowohl auf den exklusiven Ansatz der aristotelischen Polislehre, also die Begrenzung der ‚Freien und Gleichen' auf eine kleine Gruppe freier wohlhabender Männer, als auch auf das sehr elitäre Denken, das im Wettstreit um die besondere Qualität, ja, die ‚Außerordentlichkeit' des agonalen Handelns deutlich wird und sich schwerlich mit heutigen Vorstellungen von Demokratie verträgt.

Arendt hat diese Problematik erkannt und in ihrem republikanischen Modell des öffentlichen Raumes von der aristotelischen Polislehre zwar die hohe Wertschätzung für das politische Handeln übernommen, dies aber mit zwei typisch neuzeitlichen Ansätzen verbunden: dem Gedanken *menschlicher Pluralität*, die zu einer Vielzahl von Perspektiven im Öffentlichen Raum führe, und der Idee der *Gleichheit* der Menschen.[92] Gleichheit und Verschiedenheit der Menschen sind bei *Arendt* gleichermaßen konstitutiv für den öffentlichen Raum. In das von ihr so bezeichnete „Bezugsgewebe menschlicher Angelegenheiten" schlage jeder Handelnde seinen Faden ein.[93] So wie die Freiheit des Menschen in seiner Fähigkeit zum Handeln wurzele, so gründe die Gleichheit darin, dass dies

---

[92] H. Arendt, Vita activa, 6. Aufl. 2007, S. 213.
[93] H. Arendt, Vita activa, 6. Aufl. 2007, S. 226. Dabei meint die Bezeichnung ‚jeder Handelnde' jedes Mitglied eines politischen Gemeinwesens: Die Zuordnung bestimmter Grundtypen menschlicher Tätigkeiten zu unterschiedlichen Personengruppen ist bei Arendt aufgehoben. Was jedoch bleibt, ist die hohe Bedeutung des politischen Handelns, s. dazu A. Siehr, Das Recht am öffentlichen Raum, 2016, S. 138 (140 f.).

für alle in gleicher Weise gelte. Dabei meint *Arendt* mit Gleichheit nicht nur (die in der Polis fehlende) Rechtsgleichheit, sondern auch die Gleich*artigkeit* der Menschen als zur Sprache und zum Handeln befähigte Wesen. Die Menschen seien als sprachbegabte Wesen gleichartig und eben dies versetze sie in die Lage, ihre Verschiedenheit zu offenbaren. *Arendt* führt weiter aus: „[D]ie Wirklichkeit des öffentlichen Raums [erwächst] aus der gleichzeitigen Anwesenheit zahlloser Aspekte und Perspektiven, in denen ein Gemeinsames sich präsentiert [...]. Denn wiewohl die gemeinsame Welt den allen gemeinsamen Versammlungsort bereitstellt, so nehmen doch alle, die hier zusammenkommen, jeweils verschiedene Plätze in ihr ein [...]. Das von Anderen Gesehen- und Gehörtwerden erhält seine Bedeutsamkeit von der Tatsache, daß ein jeder von einer anderen Position aus sieht und hört. Dies eben ist der Sinn eines öffentlichen Zusammenseins [...]."[94] Über die Kombination von Freiheit mit einer Vorstellung von Gleichheit, die aus der Gleichartigkeit der Menschen resultiert, bei gleichzeitiger Anerkennung der Verschiedenheit der Menschen, die sich als „Faktum der Pluralität" im öffentlichen Raum produktiv entfaltet, gelingt es *Arendt* also, wichtige Elemente der antiken Republiktradition unter den Vorzeichen des demokratischen Verfassungsstaats zu einem republikanischen Modell des öffentlichen Raumes zu verbinden.

Auf diesen Punkt wird unter V. 2.d) noch einmal kurz zurückzukommen sein. Hier ist zunächst nur festzuhalten, dass es in jedem Fall darauf ankommt, republikanisches Gedankengut bezogen auf den demokratischen

---

[94] *H. Arendt*, Vita activa, 6. Aufl. 2007, S. 71.

Verfassungsstaat so zu transponieren, dass es für diesen anschlussfähig ist.[95] Dies gilt natürlich in gleicher Weise, wenn man sich, wie *Armin von Bogdandy*, mit der Frage auseinandersetzt, inwieweit der Republikanismus sich für die Europäische Union als fruchtbar erweist, doch muss man hier zugleich deren Besonderheiten im Verhältnis zum Verfassungsstaat im Blick behalten. Dass ein EU-Republikanismus prinzipiell plausibel erscheint, war eingangs schon festgestellt worden.[96] Im Folgenden soll in Auseinandersetzung mit *Armin von Bogdandys* Position näher untersucht werden, unter welchen Bedingungen sich von einem EU-Republikanismus sprechen lässt und ggf. auch, welchen Einschränkungen dies im Hinblick auf die besondere Struktur der Europäischen Union unterliegt.

IV. EU-Republikanismus – Differenzierungen und Einwände

1. Abgrenzung von Republikanismus und demokratischer Verfassungsstaatlichkeit

Da *Armin von Bogdandy* bei seiner Untersuchung des Verhältnisses von Republikanismus und demokratischer

---

[95] R. *Gröschner*, in: ders. / Lembcke (Hrsg.), Freistaatlichkeit, 2011, S. 293 (317 f.), beschreibt als den auch heute relevanten Kern der republikanischen Regierungsweise das gemeinwohlorientierte abwechselnde Regieren und Regiertwerden von Freien und Gleichen unter Geltung des Amtsprinzips; es gehe um die im Wechselspiel zwischen dem politisch aktiven Bürger und der politisch richtigen Ordnung gemeinsam gelingende politische Praxis.

[96] Siehe dazu oben II.1.a).

Verfassungsstaatlichkeit zu dem Ergebnis gekommen ist, dass demokratisches und republikanisches Verfassungsdenken im 20. Jahrhundert weitgehend verschmolzen seien,[97] benötigt er für die von ihm vertretene These des EU-Republikanismus einen Begriff des Republikanismus, der *enger* ist als das etablierte Verständnis demokratischer Verfassungsstaatlichkeit. Er sucht somit nach Merkmalen, die es erlauben, einen europäischen Republikanismus von demokratischer Verfassungsstaatlichkeit zu unterscheiden.[98] Er findet sie, erstens, in einer *unionsbürgerschaftlichen Orientierung*, zweitens, in einem anspruchsvollen, durch eine gewaltengliedernde Ämterordnung gesicherten *Gemeinwohlverständnis* und, drittens, in *gesellschaftlicher Solidarität*.[99]

Der erste Punkt beschreibt den bürgerschaftlichen Fokus des europäischen Republikanismus, durch den *Armin von Bogdandy* ihn von mitgliedstaatszentrierten Verständnissen der Europäischen Union abgrenzen will: Ein europäischer Republikanismus begreife die Union als gemeinsame Angelegenheit freier und gleicher Bürgerinnen und Bürger.[100] Ich will an dieser Stelle nur darauf hinweisen, dass er damit insoweit einen anderen Ansatz verfolgt als *Rolf Gröschner*, der hier an „eine europäische Republik der Republiken denkt, eine Republik also, deren

---

[97] *A. v. Bogdandy*, Renaissance des Republikanismus, in diesem Band, S. 9; s. dazu oben II.1.b) bei Fn. 17.
[98] *A. v. Bogdandy*, Renaissance des Republikanismus, in diesem Band, S. 12.
[99] *A. v. Bogdandy*, Renaissance des Republikanismus, in diesem Band, S. 12.
[100] *A. v. Bogdandy*, Renaissance des Republikanismus, in diesem Band, S. 13.

Mitglieder nicht Bürger, sondern republikanisch verfasste Staaten sind", die „ihr nationales Wohl in Wechselwirkung mit dem gemeineuropäischen definieren."[101] Eine Entwicklung der Europäischen Union zu einer ‚Republik der Republiken', erscheint mir selbst auch plausibler, zumal ich gerade an der bürgerschaftlichen Komponente eines EU-Republikanismus Zweifel habe (dazu unter IV.3.). Der beste Ausgangspunkt, um all diese Punkte, einschließlich des von *Armin von Bogdandy* geforderten anspruchsvollen Gemeinwohlverständnisses, im Zusammenhang erörtern zu können, scheint mir aber der hochinteressante Abschnitt in seinem Vortrag zur Widerlegung möglicher Einwände gegen einen europäischen Republikanismus zu sein, der vieles noch einmal bündelt. Hier setzt er sich vor allem mit der von ihm antizipierten Kritik an dem Fehlen republikanischer Selbstbestimmung, republikanischer Gesinnung und republikanischer Öffentlichkeit auseinander.[102]

Im Hinblick auf die republikanische Selbstbestimmung stellt *Armin von Bogdandy* zunächst fest, dass die EU-Verträge, anders als die US-amerikanische Verfassung („We the People"), gerade „kein europäisches ‚Wir', ‚Selbst' oder Volk" postulieren.[103] Er fragt, ob das fehlende europäische

---

[101] *R. Gröschner*, in: HdbStR II³, 2004, § 23 Rn. 75; s. dazu oben II.2. bei Fn. 39.

[102] *A. v. Bogdandy*, Renaissance des Republikanismus, in diesem Band, S. 55 ff.

[103] *A. v. Bogdandy*, Renaissance des Republikanismus, in diesem Band, S. 56. Er weist dort auch darauf hin, dass nach Art. 1 Abs. 1 EUV die Hohen Vertragsparteien der Union und nicht die Bürgerinnen und Bürger die Union gründen. In der Präambel des EUV werden daher zuerst seine Majestät der König der Belgier genannt, gefolgt

‚wir' eine republikanische Rekonstruktion des Unionsrechts ausschließe und verneint dies.[104] Er setzt insoweit auf Theorien des Republikanismus, die „das Erfordernis der Autorisierung nicht als Selbstgesetzgebung konzipieren, sondern darauf abstellen, dass die gleichen und freien Bürgerinnen und Bürger ihresgleichen mit einem Mandat zu politischer Herrschaft ausstatten"[105] und bezieht sich dabei auch auf *Rolf Gröschner*.[106] Ferner argumentiert er mit *Rainer Forst*, der einen neokantianischen Republikanismus vertritt[107] und in dessen Werk „Das Recht auf Rechtfertigung" der Gedanke der Rechtfertigung im Zentrum steht.[108] *Von Bogdandy* überträgt dies auf das Unionsrecht und postuliert, dass auch die „Unionsorgane [...] jeden Akt im Lichte des Art. 2 EUV rechtfertigen können [müssen], in politischen Verfahren, in gerichtlichen Verfahren, in der Öffentlichkeit, letztlich gegenüber

---

von ihrer Majestät der Königin von Dänemark sowie den weiteren Repräsentanten der EU-Mitgliedstaaten.

[104] Vielmehr hält er die Demokratiekonzeption des Art. 10 Abs. 1 EUV mit der republikanischen Tradition für vermittelbar, s. *A. v. Bogdandy*, Renaissance des Republikanismus, in diesem Band, S. 58.

[105] *A. v. Bogdandy*, Renaissance des Republikanismus, in diesem Band, S. 58.

[106] *A. v. Bogdandy*, Renaissance des Republikanismus, in diesem Band, S. 58 mit Fn. 147, unter Verweis auf *R. Gröschner*, in: HdbStR II³, 2004, § 23 Rn. 36. So deutlich lese ich das allerdings aus der zitierten Textstelle nicht heraus; eher scheint es mir in der von Gröschner wiederholt aufgegriffenen Unterscheidung zwischen einer republikanischen „Herrschaft für das Volk" und einer demokratischen „Herrschaft durch das Volk" anzuklingen, s. dazu *R. Gröschner*, aaO, Rn. 40, 73.

[107] Siehe etwa *R. Forst*, Die noumenale Republik. Kritischer Konstruktivismus nach Kant, 2021.

[108] *R. Forst*, Das Recht auf Rechtfertigung, 2007.

jeder betroffenen Person."[109] Er fährt fort: „Angesichts der Zentralität des Rechtsfertigungsgedankens in Forsts Werk erscheint es mir plausibel, dass ein Akt, dem diese Rechtfertigung gelingt, wie ein Akt der Selbstbestimmung bewertet werden kann."[110] Danach sei unionale Herrschaft im Lichte des neokantianischen Republikanismus legitim, soweit sie den zwölf Prinzipien des Art. 2 EUV genüge.

Eine solche republikanische Rekonstruktion des Unionsrechts ist sicherlich möglich. Doch sollte man sich bewusst sein, dass man sich damit im weiten Feld des Republikanismus auf einen Teilbereich, und zwar auf die *rechtsstaatliche Traditionslinie*, fokussiert, die natürlich stark mit dem Prinzip der Repräsentation und mit Rechtfertigungsanforderungen arbeitet. Es geht somit nicht um den Republikanismus in seiner gesamten Breite, sondern er wird, was sich ja im Hinblick auf die Europäische Union auch durchaus als sinnvoll erweisen könnte, auf bestimmte rechtsstaatliche Aspekte verkürzt. Dies möchte ich im Folgenden näher erläutern.

2. Rechtsstaatliche und demokratische Dimension des Republikprinzips

Das Verhältnis der Begriffe Republik und Demokratie, das *Armin von Bogdandy* in seinem Vortrag zunächst untersucht hat,[111] ist auch deshalb nicht leicht zu greifen, weil

---

[109] A. v. *Bogdandy*, Renaissance des Republikanismus, in diesem Band, S. 59.

[110] A. v. *Bogdandy*, Renaissance des Republikanismus, in diesem Band, S. 59 f.; s. dort auch zum Folgenden.

[111] A. v. *Bogdandy*, Renaissance des Republikanismus, in diesem Band, S. 8 ff.

der Republikanismus mal – so bei *Kant* – mit einer stärkeren Akzentuierung der *Rechtsstaatlichkeit* verbunden ist, das Adjektiv ‚republikanisch' in anderen Kontexten aber auch als qualifizierendes Merkmal eines bestimmten *Demokratieverständnisses* eingeführt wird.[112] Meines Erachtens wird diese Differenzierung bei *Armin von Bogdandy* in seiner Argumentation gegen den Einwand mangelnder republikanischer Selbstbestimmung aber nicht hinreichend deutlich.

a) Rechtsstaatliche Traditionslinie des Republikanismus bei Immanuel Kant

Bei *Kant* ist ‚Republik' ein Schlüsselbegriff.[113] Die Republik gründet sich, wie er in seiner Schrift zum Ewigen Frieden von 1795 darlegt, auf die Prinzipien „der Freiheit der Glieder einer Gesellschaft (als Menschen)", der „Abhängigkeit aller von einer einzigen gemeinsamen Gesetzgebung (als Untertanen)" und das „Gesetz der Gleichheit derselben (als Staatsbürger)".[114] Anders als *Rousseau* baut *Kant* aber nicht auf die Tugend der Staatsbürger[115]

---

[112] In diese Richtung geht wohl auch die Feststellung von *A. v. Bogdandy*, Renaissance des Republikanismus, in diesem Band, S. 10, dass heute ein „progressiver Republikanismus an den Fersen etablierter demokratischer Praxen [schnappt]. Dieser Republikanismus steht hinter demokratischer Verfassungsstaatlichkeit, begreift aber deren Praxis als zu technokratisch, zu müde, und fordert mehr Demokratie, insbesondere eine stärkere Involvierung der Bürger, inzwischen auch der Bürgerinnen."
[113] S. dazu auch *A. Siehr*, ARSP 91 (2005), S. 535 (542 f.).
[114] *I. Kant*, Zum ewigen Frieden (Fn. 8), S. 191 (204).
[115] Dazu *K. Herb*, Bürgerliche Freiheit, 1999, S. 73 ff.: Kant verfolge, ganz anders als Rousseau, einen gesinnungsindifferenten Re-

und die Selbstbeschränkung der Volksversammlung auf die allgemeine Gesetzgebung; er hält eine solche (Versammlungs-)Demokratie gar für despotisch.[116] Vielmehr könne, wie er im 1. Zusatz zu den Definitivartikeln zum ewigen Frieden ausführt, durch entsprechende verfassungsorganisatorische Vorkehrungen ein öffentlich staatsbürgerliches Verhalten trotz einander entgegen strebender böser Privatgesinnungen erzwungen werden. „Das Problem der Staatserrichtung" sei, so hart es auch klinge, „selbst für ein Volk von Teufeln (wenn sie nur Verstand haben) auflösbar".[117]

Kant denkt dabei an die Einrichtung repräsentativer Versammlungen in einem gewaltenteiligen System, das die Befugnis zur Einzelfallentscheidung von der allgemeinen Gesetzgebung trennt.[118] So entstehe die „einzige bleibende Staatsverfassung, wo das Gesetz selbstherrschend ist, und an keiner besonderen Person hängt."[119] Bei *Kant* ist die die Freiheit sichernde, auf Gewaltenteilung und Repräsentation beruhende *republikanische Verfassung* somit

---

publikanismus der bloß äußeren Freiheit und gebe damit „ein klassisches Problemfeld des Republikanismus auf. Die Tugendforderung muß aus dem Inventar des modernen Republikanismus gestrichen werden", aaO, S. 76 f.

[116] *I. Kant*, Zum ewigen Frieden (Fn. 8), S. 191 (206 ff.).

[117] *I. Kant*, Zum ewigen Frieden (Fn. 8), S. 191 (224).

[118] *I. Kant*, Zum ewigen Frieden (Fn. 8), S. 191 (206 f.). An anderer Stelle formuliert er, dass jede „wahre Republik [...] nichts anders [ist und] sein [kann], „als ein *repräsentatives System* des Volks, um im Namen desselben, durch alle Staatsbürger vereinigt, vermittelst ihrer Abgeordneten [...] ihre Rechte zu besorgen," s. *ders.*, Metaphysik der Sitten, Rechtslehre, § 52, in: I. Kant, Werke in zehn Bd., hrsg. v. W. Weischedel (Fn. 8), Bd. 7, S. 462 (464, Hervorhebung i. Orig.).

[119] *I. Kant*, Metaphysik der Sitten, Rechtslehre, § 52, in: I. Kant, Werke in zehn Bd., hrsg. v. W. Weischedel (Fn. 8), Bd. 7, S. 462 (464).

der Dreh- und Angelpunkt eines im Wesentlichen *rechtsstaatlichen* Konzepts eines modernen, auf alle Tugendforderungen verzichtenden Republikanismus.[120]

b) Qualifikation eines spezifisch republikanischen Demokratieverständnisses

In anderen Kontexten steht das Adjektiv ‚republikanisch' hingegen für eine besondere Akzentuierung des eigenen Demokratieverständnisses, und zwar meist in Abgrenzung zu liberalen, deliberativen, repräsentativ-liberalen oder auch elitistischen Demokratiemodellen.[121] Klare Trennlinien können hier zumeist nicht gezogen werden; so changiert das deliberative Demokratiemodell von *Jürgen Habermas* beispielsweise zwischen liberalen und republikanischen Politikkonzeptionen.[122] Sich als ‚republika-

---

[120] Es geht also um die *äußere* Freiheit, s. dazu oben Fn. 115. Belegt wird dies nicht zuletzt auch durch Kants Feststellung, dass das Problem der Staatserrichtung selbst „für ein Volk von Teufeln" auflösbar sei.

[121] Für einen guten Überblick über diese unterschiedlichen Demokratiemodelle, die ihrerseits ein großes Spektrum unterschiedlicher Theorieansätze abdecken, s. *M. M. Ferree* ua, Theory and Society 31 (2002), S. 289 ff.; s. zu unterschiedlichen normativen Modellen der Demokratie auch *J. Habermas*, in: H. Münkler (Hrsg.), FS f. I. Fetscher, 1992, S. 11 ff. Theoretiker der Elitendemokratie wie J. Schumpeter sehen die Demokratie im Unterschied zur normativen, am Gemeinwohl orientierten Demokratiekonzeption des 18. Jh. in Analogie zum Markt, s. *ders.*, Kapitalismus, Sozialismus und Demokratie, 1950, S. 428: „Die demokratische Methode ist diejenige Ordnung der Institutionen zur Erreichung politischer Entscheidungen, bei welcher Einzelne die Entscheidungsbefugnis vermittels eines Konkurrenzkampfes um die Stimmen des Volkes erwerben."

[122] Dazu *H. Klingen,* Gefährdete Öffentlichkeit, 2008, S. 215 ff.; zu Habermas und Arendt im Vergleich auch *S. Benhabib*, in: C. Cal-

nisch' verstehende Konzeptionen betonen die Bedeutung politischer Partizipation und die Rolle des Einzelnen als gleichberechtigtes Mitglied eines Bürgerverbandes.

Teils überlappt sich das weit gefächerte Feld des Republikanismus mit den (gleichfalls sehr heterogenen) Ansätzen des Kommunitarismus, der ua die Bedeutung des Ethos des Partikularen, integrativer Gemeinschaftspraktiken und die gerade aus besonderen Nähebeziehungen erwachsenden ‚special duties' hervorhebt. Die besondere Loyalität und Solidarität der Staatsbürger untereinander wird gelegentlich auch als „Tugend des Patriotismus" bezeichnet.[123] Andere befürchten hingegen, dass das hier beschworene Wertbewusstsein in ein Diktat von Gemeinschaftswerten umschlagen könnte[124] und grenzen den Republikanismus daher strikt vom Kommunitarismus ab. Sie fokussieren sich stärker auf die Integrations- und Konsensfunktion der Verfassung und eine (auch durch das öffentliche Erziehungssystem vermittelte) politische Bürgerkultur.[125] Hier ist der Gedanke der „association po-

---

houn (Hrsg.), Habermas and the Public Sphere, 1992, S. 73 (85 ff.), jeweils mwN.

[123] Vgl. dazu etwa die unterschiedlichen Positionen von *A. MacIntyre* und *C. Taylor*, in: A. Honneth (Hrsg.), Kommunitarismus, 1993, S. 84 ff. u. S. 103 ff. Siehe zum Kommunitarismus auch *A. Siehr*, Die Deutschenrechte des Grundgesetzes, 2001, S. 271 ff., und zu den stark divergierenden Positionen innerhalb des Kommunitarismus *W. Kersting*, Information Philosophie, Juli 1993, S. 4 ff.

[124] Dazu *A. Siehr*, Die Deutschenrechte des Grundgesetzes, 2001, S. 276.

[125] So stellt *J. Gebhardt*, in: W. J. Patzelt ua (Hrsg.), FS f. H. Oberreuter, 2007, S. 114 (121), fest: „Bürgerkultur des Konstitutionalismus heißt, dass dieser als Ordnungsprinzip die soziale Lebenswelt des Verfassungsstaates, nicht zuletzt durch ein öffentliches Erziehungssystem [...] nachhaltig prägt und damit den Legitimitätsglauben

litique" bzw. der „free association of citizens" der französischen und amerikanischen Menschenrechtserklärungen lebendig,[126] der die hohe Relevanz *politischer Partizipationsprozesse* und die Teilhaberechte des Einzelnen in der *pluralistisch verfassten Bürgerschaft* hervorhebt, wobei Letztere zugleich für ein republikanisch-demokratisches Verständnis von Volkssouveränität steht.[127]

3. Einordnung des EU-Republikanismus: Potential und bürgerschaftlich-republikanische Grenzen

Damit komme ich auf den Beitrag *Armin von Bogdandys* und seinen Versuch, den Einwand mangelnder Selbstbestimmung zu widerlegen, zurück: Die Ausstattung mit einem Mandat zu politischer Herrschaft und die Anforderung, dass die Unionsorgane jeden Akt im Lichte der Prinzipien des Art. 2 EUV rechtfertigen können müssen, stehen durchaus im Einklang mit dem Republikanismus *Kants*, der neben der Gewaltentrennung insbesondere dem Handeln im Modus der Repräsentation eine dis-

---

gesellschaftlich auf Dauer stellt. Das Zusammenspiel von Verfassungsinstitution und Bürgerkultur definiert das politisch-kulturelle Dispositiv des Verfassungsstaates, es umschreibt die Bedingungen der Möglichkeit seiner Existenz."
[126] Siehe zu der entsprechenden Formulierung in Art. 2 der Déclaration von 1789 oben im Text bei Fn. 60; sa die Declaration of Rights von Massachusetts (1780), deren Präambel lautet: „The body-politique is formed by a voluntary association of individuals" (abgedr. bei *B. Schwartz*, The Bill of Rights, 1971, S. 338).
[127] So betont *J. Gebhardt*, in: A. Kimmel (Hrsg.), Verfassungen als Fundament und Instrument der Politik, 1995, S. 9 (22), dass dies etwas anderes sei als eine Kollektivperson ‚Volk'; s. im Übrigen unten V. 2.b) (mit Fn. 165).

ziplinierende Kraft zuschrieb. Und für ihn hieß das: So zu entscheiden, wie es das Volk vernünftigerweise tun müsste, wenn man es fragte.[128] Auf den – möglicherweise irrationalen – empirischen Willen des Volkes kommt es nach *Kant* also gar nicht an.[129] Er verlangt nur, dass der Gesetzgeber seine Gesetze so gebe, „als sie aus dem vereinigten Willen eines ganzen Volks haben entspringen *können* [...].“ Nach *Kant* ist das „der Probierstein der Rechtmäßigkeit eines jeden öffentlichen Gesetzes. Ist dieses nämlich so beschaffen, daß ein ganzes Volk *unmöglich* dazu seine Einstimmung geben *könnte* [...], so ist es nicht gerecht."[130] Es geht im Modus der Repräsentation bei *Kant* also nur um die Fiktion des vom Volk *vernünftigerweise* Gewollten und damit um die *Rechtfertigungsmöglichkeit*. *Kants* Republikanismus bildet somit zwar einen starken Pfeiler für den Rechtsstaat, ist mit unseren Demokratievorstellungen aber nicht kompatibel. Damit fragt sich, ob der Einwand mangelnder Selbstbestimmung tatsächlich allein auf dieser Linie entkräftet werden kann. Noch grundsätzlicher ist zu klären, ob ein EU-Republikanismus nur durch die rechtsstaatliche oder auch durch die demokratische Dimension des Republikanismus getragen wird.

---

[128] *I. Kant*, Über den Gemeinspruch, II. Vom Verhältnis der Theorie zur Praxis im Staatsrecht, in: I. Kant, Werke in 10 Bd., hrsg. v. W. Weischedel (Fn. 8), Bd. 9, S. 125 (144 f., 150, 153 f.); dazu im Kontext des Postulats der Allgemeinheit des Gesetzes *H. Hofmann*, in: Verfassungsrechtliche Perspektiven, 1995, S. 260 (273).

[129] Dazu *A. Siehr*, ARSP 91 (2005), S. 535 (543 u. *pass.*).

[130] *I. Kant*, Über den Gemeinspruch, II. Vom Verhältnis der Theorie zur Praxis im Staatsrecht in: I. Kant, Werke in 10 Bd., hrsg. v. W. Weischedel (Fn. 8), Bd. 9, S. 125 (153) (Hervorhebungen i. Orig.).

„Renaissance des Republikanismus"

Die rechtsstaatliche Dimension des Republikprinzips ist in der Europäischen Union in der Tat deutlich ausgeprägt: Sie versteht sich als Rechtsgemeinschaft,[131] konstituiert sich über Recht und ist Quelle vorrangigen Rechts, kämpft allerdings derzeit gegen rechtsstaatliche Erosionen in bestimmten Mitgliedstaaten, nach dem Regierungswechsel in Polen im Dezember 2023 namentlich in Ungarn.[132] Dies ändert aber nichts daran, dass die rechtsstaatliche Seite des Republikprinzips sich gerade auch in der Europäischen Union materialisiert. Insofern ist auch gut nachvollziehbar, dass *Armin von Bogdandy* in diesem Zusammenhang mit *Rainer Forst* argumentiert, der einen neokantianischen Republikanismus vertritt und den Rechtfertigungsgedanken ganz in den Vordergrund rückt:[133] Die Rechtfertigungsfähigkeit von Unionsakten liegt eben ganz auf der Linie der rechtsstaatlichen Dimension des Republikanismus.

Soweit es hingegen um ein ‚republikanisches' Demokratieverständnis geht, stoßen wir bei der Europäischen Union auf Probleme, die sich durch die rechtsstaatliche Komponente auch nicht kompensieren lassen. Insofern überzeugt es mich auch nicht, dass ein Unionsakt, der gerechtfertigt werden kann, „wie ein Akt der Selbstbestimmung bewertet werden" können soll.[134] Selbstbestimmung im ursprünglichen republikanisch-demokratischen Sinne

---

[131] Dazu *F. Mayer*, in: C. Franzius ua (Hrsg.), Die Neuerfindung Europas, 2019, S. 111 ff.; *ders.*, NJW 2017, S. 3631 ff.; *ders.*, in: G. F. Schuppert ua (Hrsg.), Europawissenschaft, 2005, S. 429 ff.
[132] Siehe dazu oben Fn. 10.
[133] Siehe oben bei Fn. 108 f.
[134] *A. v. Bogdandy*, Renaissance des Republikanismus, in diesem Band, S. 60.

zielt auf den sich selbst regierenden Bürgerverband. *Armin von Bogdandy* stellt selbst fest, dass die EU-Verträge im Gegensatz zum Auftakt der US-amerikanischen Verfassung („We the People […]") kein „europäisches ‚Wir', ‚Selbst' oder Volk" postulieren.[135] Er meint jedoch, dass das republikanische Manifest des Art. 2 S. 2 EUV seit 2009 mit der dort verwandten Formulierung „Gesellschaft"[136] einen tauglichen „Kollektivsingular" anbiete.[137]

Aus meiner Sicht reicht das aber im Hinblick auf die besonderen Anforderungen der demokratischen Komponente des Republikanismus nicht aus: Die Europäische Union lässt sich nicht als ein *Bürgerverband* beschreiben, der sich über eine *gemeinsame politische Praxis* konstituiert und die gemeinsamen Angelegenheiten öffentlich verhandelt. *Armin von Bogdandy* betont insoweit zu Recht die Bedeutung eines republikanischen Forums und in der Tat bilden sich heute sicherlich auch in dem von ihm beschriebenen Sinne [Teil-]Öffentlichkeiten bzw. unterschiedliche öffentliche Räume heraus.[138] Allerdings fällt

---

[135] *A. v. Bogdandy*, Renaissance des Republikanismus, in diesem Band, S. 57–103; s. dazu auch oben Fn. 103.

[136] Vgl. Art. 2 S. 2 „Diese Werte sind allen Mitgliedstaaten in einer Gesellschaft gemeinsamen, die sich durch Pluralismus, Nichtdiskriminierung, Toleranz, Gerechtigkeit, Solidarität und die Gleichheit von Frauen und Männern auszeichnet."

[137] *A. v. Bogdandy*, Renaissance des Republikanismus, in diesem Band, S. 32; eingehend *ders.*, Strukturwandel des öffentlichen Rechts. Entstehung und Demokratisierung der europäischen Gesellschaft, 2022, S. 16 ff. u. *pass.*

[138] *A. v. Bogdandy*, Renaissance des Republikanismus, in diesem Band, S. 72 ff.; s. zur Pluralisierung des öffentlichen Raumes als Kommunikationsraum, der (auch, aber nicht nur bei J. Habermas) ein Raum vielfältiger Teilöffentlichkeiten ist, auch *A. Siehr*, Das Recht am öffentlichen Raum, 2016, S. 180 f., 191, 318 u. *pass.*

sowohl bezogen auf das von ihm genannte Beispiel des Verfassungsblogs[139] als auch im Hinblick auf die sozialen Interaktionen, über die sich die europäische Gesellschaft auf Basis der zwölf Prinzipien des Art. 2 EUV formieren soll,[140] auf, dass diese Teilöffentlichkeiten alle stark von Experten dominiert werden. Deren Stimme ist zweifellos sehr wichtig, aber auch hier scheint mir das im eigentlichen Sinne bürgerschaftliche Element zu stark in den Hintergrund zu treten.

Insofern habe ich auch Zweifel, ob die von *Armin von Bogdandy* als wesentliches Merkmal des EU-Republikanismus benannte *unionsbürgerschaftliche Orientierung*[141] tatsächlich stark genug ausgeprägt ist, um den EU-Republikanismus über die Grenzen der rechtsstaatlichen Traditionslinie des Republikanismus hinaus zu tragen.

---

[139] *A. v. Bogdandy*, Renaissance des Republikanismus, in diesem Band, S. 78.

[140] *A. v. Bogdandy* will den Begriff der ‚Gesellschaft' weder als Gegenbegriff zur ‚Gemeinschaft' iSv F. Tönnies verstanden wissen noch im Sinne einer nur marktförmig integrierten Gruppe. Bezogen auf Art. 2 EUV genüge ihm vielmehr ein „rudimentäres und eklektisches Verständnis von Gesellschaft als soziale Interaktion oder kommunikative Praxis," wie sie rechtswissenschaftlich vor allem anhand bestimmter Texte beobachtet werde: „Verfassungen, Verträge, Gesetze, Verordnungen, Richtlinien, Urteile und wissenschaftliche Publikationen", s. *ders.*, Strukturwandel des öffentlichen Rechts, Berlin 2022, S. 19. Das Problem ist: Damit geht es aber in erster Linie um die kommunikative Praxis von Juristinnen und Juristen und von sonstigen Experten innerhalb der EU, aber nicht um die Bürgerinnen und Bürger. Dies kann die im republikanischen Denken betonte aktive Rolle des Bürgers jedoch nicht ersetzen, sodass m. E. auch der Begriff der „europäischen Gesellschaft" keine tragfähige Brücke zur *demokratischen* Dimension des Republikanismus auf EU-Ebene schlägt.

[141] *A. v. Bogdandy*, Renaissance des Republikanismus, in diesem Band, S. 12.

Er meint, ein europäischer Republikanismus begreife die Union als gemeinsame Angelegenheit freier und gleicher Bürgerinnen und Bürger.[142] Aber in welchem Maße beeinflusst deren Teilnahme an partizipatorischen Prozessen die europäische Politik? Natürlich spielt die Unionsbürgerschaft heute eine sehr wichtige Rolle,[143] der eine rein mitgliedstaatszentrierte Sichtweise nicht gerecht würde. Der Zuwachs an Rechten, die heute mit der Unionsbürgerschaft verbunden sind[144] – vom Petitionsrecht[145] bis zur europäischen Bürgerinitiative[146] – weist auch in die richtige Richtung. Dessen ungeachtet ist die für die demokratische Dimension des Republikanismus entscheidende politische Partizipation der Bürgerinnen und Bürger bezogen auf die Europäische Union doch weit vom republikanisch-demokratischen Leitbild eines starken bürgerschaftlichen Engagements entfernt.

Wichtig ist, dass es in diesem Zusammenhang *nicht* etwa allgemein um den Demokratisierungsgrad der Europäischen Union und die oft diskutierte Frage möglicher Demokratiedefizite geht, sondern um ein *spezifisches Demokratieverständnis* innerhalb des ganzen Spektrums unterschiedlicher Demokratietheorien. Die Frage ist also

---

[142] *A. v. Bogdandy*, Renaissance des Republikanismus, in diesem Band, S. 13.

[143] Dazu *A. Siehr*, in: Herdegen ua (Hrsg.), VerfassungsR-HdB, 2021, § 9 Rn. 128–147.

[144] Dazu *A. Siehr*, in: Herdegen ua (Hrsg.), VerfassungsR-HdB, 2021, § 9 Rn. 137 ff.

[145] Nach Art. 20 Abs. 2 lit. d) AEUV, Art. 24 Abs. 2 AEUV besitzt es jeder Unionsbürger; Art. 227 AEUV und Art. 44 GRC machen aber deutlich, dass es darüber hinaus jeder natürlichen oder juristischen Person mit Wohnort oder satzungsmäßigem Sitz in einem Mitgliedstaat zusteht.

[146] Vgl. Art. 11 Abs. 4 EUV, Art. 24 Abs. 1 AEUV, VO [EU] 2019/788.

nur, ob jene besonderen Merkmale vorliegen, die es rechtfertigen, die demokratische Praxis auf Ebene der Europäischen Union durch das Adjektiv ‚republikanisch' zu qualifizieren.[147] Und insoweit muss man wohl feststellen, dass die damit gemeinte besondere Betonung eines partizipatorischen, sich auf die politisch aktive Bürgergesellschaft fokussierenden Demokratieverständnisses trotz aller Fortschritte im Lissaboner Vertrag nicht die Praxis innerhalb der EU widerspiegelt.

Es überzeugt mich auch nicht, dass die „demos-Enthaltsamkeit" der europäischen Gesellschaft, wie *Armin von Bogdandy* formuliert, einen „zivilisatorische[n] Fortschritt" darstellen soll.[148] Zumindest ist dies missverständlich formuliert: Der Begriff ‚demos' hatte in der aristotelischen Polislehre eine pejorative Konnotation, so wie ja auch die Demokratie als ‚despotische' Staatsform galt.[149] Wenn man sich aber davon löst, so gehören Demokratie und ‚demos' – zumindest auf staatlicher Ebene – ebenso zusammen wie Demokratie und das Recht auf demokratische Selbstbestimmung. Vor diesem Hintergrund halte ich es auch nicht für richtig, die Forderung nach demokratischer Selbstbestimmung im Hinblick auf das darin angelegte Gewaltpotenzial zurückdrängen zu wollen:[150] Im Fall nichtlegitimer Gewaltausübung müsste dagegen innerhalb des demokratischen Rechtsstaats (bzw. durch

---

[147] Siehe dazu oben IV.2.b).
[148] So *A. v. Bogdandy*, Renaissance des Republikanismus, in diesem Band, S. 61.
[149] Dazu *R. Gröschner*, in: HdbStR II³, 2004, § 23 Rn. 15 u. oben Fn. 74; sa oben im Text bei Fn. 16.
[150] So *A. v. Bogdandy*, Renaissance des Republikanismus, in diesem Band, S. 61.

jeden einzelnen EU-Mitgliedstaat) vorgegangen werden, nicht aber die Forderung nach demokratischer Selbstbestimmung aufgegeben werden. Insofern würde ich eine „demos-Enthaltsamkeit" der europäischen Gesellschaft nicht als „zivilisatorische[n] Fortschritt" beschreiben,[151] sondern eher fragen, ob der Begriff ‚demos' bezogen auf die Europäische Union überhaupt passt.

Was schließlich die Widerlegung des Einwands mangelnder republikanischer Gesinnung anbelangt, so stimme ich der Aussage *Armin von Bogdandys* zu, dass es gefährlich wird, wenn das Recht auf Gesinnung rekurriert, da Rechtswissenschaft und Tugendlehre nicht verfließen dürfen.[152] Vor diesem Hintergrund frage ich mich allerdings, wie dies zu dem von ihm postulierten „anspruchsvollen Gemeinwohlverständnis" passt, das in jedem Fall mehr als ein Interessenausgleich sein müsse.[153] Eine solche Haltung müsste ja letztlich auch von einer ‚republikanischen Gesinnung' getragen sein. Ich hielte es für besser, hier mit den vom ihm gleichfalls erwähnten federalist papers darauf zu vertrauen, dass diese Sonderinteressen sich im Gesetzgebungsverfahren in einem Prozess stufenweiser kommunikativer Erweiterung wechselseitig so abschleifen,

---

[151] Es muss auch nicht etwa eine Vermischung von ‚demos' und ‚ethnos' befürchtet werden: Die Zugehörigkeit zum ‚demos', dem Volk als Träger der politischen Herrschaftsrechte, setzt bei einer republikanischen Lesart der Staatsbürgerschaft (dazu *A. Siehr*, Die Deutschenrechte des Grundgesetzes, 2001, S. 240 ff.) und der dadurch vermittelten Zugehörigkeit zum ‚demos' keine Zugehörigkeit zum ‚ethnos' voraus.

[152] *A. v. Bogdandy*, Renaissance des Republikanismus, in diesem Band, S. 71.

[153] *A. v. Bogdandy*, Renaissance des Republikanismus, in diesem Band, S. 12, 14.

dass dadurch das den unterschiedlichen Individualwillen zugrunde liegende gemeinsame Interesse herausgefiltert und damit das Gemeinwohl jeweils auf Zeit konkretisiert wird,[154] statt im Sinne eines ‚anspruchsvollen' Gemeinwohlverständnisses darauf zu hoffen, dass jeder Einzelne das Gesamtwohl von vornherein im Auge hat.

Es bleibt somit festzuhalten, dass die rechtsstaatliche Traditionslinie des Republikanismus für die Europäische Union nicht nur anschlussfähig, sondern auch prägend ist, dies aber nicht für die republikanisch-demokratische Dimension des Republikanismus gilt. Daran würde sich auch nichts ändern, wenn man den Vorschlag von *Rolf Gröschner* aufgreifen und die Europäische Union als eine „europäische Republik der Republiken" begreifen wollte, deren Mitglieder nicht Bürger, sondern republikanisch verfasste Staaten sind.[155] Denn auch und gerade, wenn man die EU-Mitgliedstaaten als Mitglieder einer europäischen Republik sieht, fehlt es eben an der republikanisch-demokratischen Teilhabe der Unionsbürgerinnen und -bürger, also am spezifisch *bürgerschaftlichen* Engagement, das sich auch nicht durch das enge Zusammenwirken der EU-Mitgliedstaaten ersetzen lässt.

Eine ganz andere Frage ist jedoch, ob dies überhaupt *ein Defizit* darstellt. Die Antwort hängt davon ab, was

---

[154] Interessenpluralismus wird in den federalist papers nicht als Störfaktor begriffen, sondern ganz im Gegenteil als Basis des Repräsentationsvorgangs; dazu eingehend *H. Dreier*, AöR 1988, S. 450 (462); *H. Hofmann / H. Dreier* in: H.-P. Schneider / W. Zeh (Hrsg.), Parlamentsrecht und Parlamentspraxis in der Bundesrepublik Deutschland, 1989, § 5 Rn. 12; sa *A. Siehr,* ARSP 2005, S. 535 (553); *dies.*, in: A.-B. Kaiser (Hrsg.), Der Parteienstaat. Zum Staatsverständnis von Gerhard Leibholz, S. 45 (63).
[155] Siehe oben unter II.2. mit Fn. 39.

wir insoweit von der Europäischen Union erwarten bzw. welches – auch die Rolle der EU-Mitgliedstaaten einbeziehende – Gesamtkonzept unseren Bewertungen zugrunde liegt. Man wird wohl akzeptieren müssen, dass das Demokratieprinzip im europäischen Mehrebenensystem notwendigerweise gewissen Brechungen und Vermittlungen unterliegt. Da umgekehrt aber die Anforderungen an die bürgerschaftliche Teilhabe bei einem sich als ‚republikanisch' verstehenden Demokratiekonzept sogar besonders hoch sind, folgt schon aus diesem Befund, dass sich ein EU-Republikanismus nur im Sinne der republikanisch-rechtsstaatlichen Traditionslinie realisieren lässt. Dies muss jedoch kein Mangel sein, sondern entspricht schlicht der Natur des EU-Verfassungsverbundes. Soweit zusätzliche Aspekte des Republikanismus zumindest in einem Teil der EU-Mitgliedstaaten (dort wiederum in ganz unterschiedlichen Ausprägungen) gelebt werden, kann sich in der Zusammenschau aufgrund des Ergänzungsverhältnisses durchaus ein rundes und auch buntes Bild ergeben, das unterschiedliche Facetten des Republikanismus im europäischen Mehrebenensystem zeigt. Dabei würde es Sinn machen, auch die ortsnahe kommunale Ebene und die der Bundesländer – soweit im jeweiligen Mitgliedstaat vorhanden – mit einzubeziehen.[156]

---

[156] Dieser Aspekt wurde auch in der Diskussion im Grundlagenkreis stark gemacht. Im Übrigen schließt ein im Verhältnis zu den EU-Mitgliedstaaten etwas engeres, auf die Rechtsstaatlichkeit fokussiertes Verständnis des EU-Republikanismus natürlich keineswegs aus, dass auch auf Ebene der EU das bürgerschaftliche Moment noch weiter gestärkt wird, so wie dies ua durch die erwähnte Einführung eines Petitionsrechts im Vertrag von Maastricht (heute: Art. 20 Abs. 2 lit. d) AEUV, Art. 24 Abs. 2 AEUV sowie Art. 227 AEUV, Art. 44 GRC)

Im Folgenden soll ein Blick auf das Grundgesetz geworfen werden, um zu zeigen, dass sich über ein rein rechtsstaatliches Verständnis hinausgehende republikanische Webmuster sogar in EU-Mitgliedstaaten finden, die im Hinblick auf direktdemokratische Elemente, die natürlich besonders gut zu einem republikanisch-demokratischen Ansatz passen würden, recht zurückhaltend sind.

V. Das Republikprinzip im Grundgesetz

1. Einwände gegen ein materielles Verständnis des Republikprinzips unter dem Grundgesetz

Vorab sei noch einmal kurz auf den von *Horst Dreier* gegen einen gehaltvollen Republikbegriff geäußerten Einwand eingegangen, dass dieser zu einer „empfindlichen Einbuße an juristischer Trennschärfe" führe und die dort verorteten freiheitlichen, demokratischen, liberalen und andere Aspekte „dogmatisch schärfer und daher juristisch befriedigender in den Grundrechten sowie im Demokratie- und Rechtsstaatsprinzip verankert" seien.[157]

Dies ist ein gewichtiger Einwand, der aber nur dann durchschlagen würde, wenn die im Republikprinzip gebündelten Aspekte auch tatsächlich von den genannten Prinzipien sowie den Grundrechten vollständig erfasst würden. Meines Erachtens ist dies jedoch nicht der Fall. Schon bezogen auf die bereits angesprochene Kennzeichnung eines ganz *spezifischen Demokratieverständnisses*

---

oder der europäischen Bürgerinitiative im Vertrag von Lissabon (Art. 11 Abs. 4 EUV) geschehen ist.

[157] *H. Dreier*, in: Dreier (Hrsg.), GG II³, Art. 20 (Republik) Rn. 21.

durch das Adjektiv ‚republikanisch' gilt, dass dies nicht einfach durch den Begriff ‚demokratisch' ersetzt werden könnte. Zudem hat auch die Argumentation von *Martin Morlok* und *Lothar Michael* etwas für sich, dass angesichts der „Relevanz der weiteren Gehalte des ‚*großen Republikbegriffs*' und seiner stolzen Tradition [...] Überschneidungen mit dem Demokratie- und Rechtsstaatsbegriff kein Grund" seien, ihn aufzugeben. „Verfassungsrechtliche Errungenschaften" dürften „durchaus mehrfach und auch durch Vergegenwärtigung ihrer Geschichte abgesichert werden."[158] Der Mehrwert eines Rekurses auf den „großen Republikbegriff" sollte aber vor allem auch durch die im Folgenden kurz skizzierten Beispiele deutlich werden.

2. Beispiele für republikanische Interpretationsansätze unter dem Grundgesetz

a) Republikanische Rekonstruktion der Staatsfundamentalnorm des Art. 1 Abs. 1 GG (*Hasso Hofmann*)

Bereits die Fundierung des Grundgesetzes in der Menschenwürdenorm des Art. 1 Abs. 1 GG weist ein republikanisches Webmuster auf: In ihrer Bedeutung als Staatsfundamentalnorm bzw. „Staatsfundamentierungsnorm"[159] artikuliert sich in ihr in der republikanischen Lesart *Hasso*

---

[158] *M. Morlok / L. Michael*, Staatsorganisationsrecht, 6. Aufl. 2023, Rn. 319 (Hervorhebung i. Orig.).

[159] Die Bezeichnung als Staatsfundamentnorm geht auf *H. Nawiasky*, Allgemeine Rechtslehre, 2. Aufl. 1948, S. 31 (33) zurück, die Bezeichnung als „*Staatsfundamentierungsnorm*" auf *H. Hofmann*, AöR 118 (1993), S. 353 (369), der damit stärker das Prozesshafte des Staatsgründungsvorgangs hervorhebt.

Hofmanns ein *Gründungsvorgang,* der die normative Grundlegung des Staates in einem auf die Menschenwürdenorm bezogenen *wechselseitigen Versprechen der Teilhaber an der verfassunggebenden Gewalt* verankert. Wörtlich heißt es bei ihm: Die „in der Präambel als Subjekte des Verfassungswerkes auftretenden Teilhaber an der verfassunggebenden Gewalt des Deutschen Volkes gründen in ihr als dem Prinzip der Verfassung des Staates diesen Staat um der Würde des Menschen willen auf die gegenseitige Anerkennung als prinzipiell in gleicher Weise freie und in gleicher Weise würdige Mitglieder des Gemeinwesens – unbeschadet aller sonstigen Unterschiede."[160] Die von *Rolf Gröschner* betonte republikanische Reziprozität ist bei dieser Interpretation also bereits in den Gründungsvorgang unserer freiheitlich-demokratischen Ordnung eingelassen.

b) Republikanische Lesart des Prinzips der Volkssouveränität

Folgt man dieser Interpretation des Menschenwürdesatzes des Art. 1 Abs. 1 S. 1 GG, so bedeutet das zugleich, dass unter dem Grundgesetz – ganz im Geiste eines *republikanischen Verständnisses der Volkssouveränität* – das Recht der Selbstregierung, wie dies schon *Alexis de Tocqueville* formulierte, aus dem Prinzip der Selbstbestimmung des Einzelnen als Mensch und Bürger folgt.[161] Auf diese

---

[160] So in seiner Antrittsvorlesung „Die versprochene Menschenwürde" am Fachbereich Rechtswissenschaft der Humboldt-Universität zu Berlin *H. Hofmann,* AöR 118 (1993), S. 353 (369).
[161] *A. de Tocqueville,* Democracy in America, Bd. 1, Kap. 19 (1835 u.d.T De la démocratie en Amérique), hier zit. nach d. engl. Fassung, hrsg. v. T. Bender, 1981, S. 277: „In the United States the sovereignty

Weise wird eine Brücke zwischen dem Prinzip der Volkssouveränität und dem in der Menschenwürdenorm verankerten Recht auf Selbstbestimmung geschlagen und es verbinden sich zugleich die beiden Legitimationsstränge des Grundgesetzes, also der individuell-freiheitliche und der egalitär-demokratische.[162]

In diesem unter Freien und Gleichen vollzogenen Staatsgründungsakt gründet dann auch die normative Einheit des Staatsvolks sowohl als einer Werte- als auch einer Willensgemeinschaft.[163] Allerdings geht es hier nicht um einen einmaligen und abgeschlossenen Vorgang; vielmehr bedarf es des „immer wieder zu aktualisierenden Bürgerwille[ns] zur Hervorbringung des Staates"[164] bzw. des Volkes als „rechtlich verfaßte politische Körperschaft freier, gleicher und gemeinverständiger Bürger."[165] Gleichzeitig verschmilzt so aber auch republikanisches mit de-

---

of the people is not an isolated doctrine, bearing no relation to the prevailing habits and ideas of the people; it may, on the contrary, be regarded as the last link of a chain of opinions which binds the whole Anglo-American World. That Providence has given to every human being the degree of reason necessary to direct himself in the affairs that interest him exclusively is the grand maxim upon which civil and political society rests in the United States." Siehe dazu auch *A. Siehr*, Die Deutschenrechte des Grundgesetzes, 2001, S. 250.

[162] So *H. Hofmann*, AöR 118 (1993), S. 353 (370); sa *A. Siehr*, Das Recht am öffentlichen Raum, 2016, S. 497.

[163] Dazu *H. Hofmann*, AöR 118 (1993), S. 353 (370).

[164] *E. Denninger*, in: U.K. Preuß (Hrsg.), Zum Begriff der Verfassung, 1994, S. 95 (98).

[165] *J. Gebhardt*, in: A. Kimmel (Hrsg.), Verfassungen als Fundament und Instrument der Politik, 1995, S. 9 (22). Er betont, dass es somit nicht um eine Kollektivperson ‚Volk' gehe; „bürgerschaftlich verfaßt" schließe vielmehr an „body politic" im Sinne der US-amerikanischen Rechteerklärungen an; sa *A. Siehr*, Die Deutschenrechte des Grundgesetzes, 2001, S. 240 f., 251.

mokratischem Denken, wobei Letzteres den Ton setzt: Die höchste Gewalt im Staat und die einzige Legitimitätsquelle für die Herrschaftsausübung in der Demokratie liegt nunmehr in der (republikanisch gedeuteten) Volkssouveränität.[166]

Da die Menschenwürdegarantie des Art. 1 Abs. 1 GG aber im Kern bereits die Menschenrechtsidee enthält[167] und insbesondere auch einen starken Bezug zum Gleichheitssatz aufweist, gewinnt unter dem Grundgesetz auch der alte republikanische Gedanke der Selbstregierung unter dem Vorzeichen ‚gleicher Freiheit' eine ganz neue Basis und Durchschlagkraft: Hier kann sich das in Art. 1 Abs. 1 GG normierte Recht auf Selbstbestimmung in Verbindung mit dem Gleichheitssatz tatsächlich zur gleichen Freiheit *aller* ausformen und sprengt damit die Begrenzungen, die das objektive Prinzip der ‚gleichen Freiheit' in der griechischen Polis auf eine exklusive Gruppe freier wohlhabender Männer begrenzte. Das von *Hasso Hofmann* betonte Moment der „gegenseitige[n] Anerkennung unserer menschlichen Achtungsansprüche"[168] bezieht sich damit auch tatsächlich auf die Anerkennung *aller* als „in gleicher Weise freie und in gleicher Weise würdige Mitglieder des Gemeinwesens".[169]

---

[166] Siehe zum inneren Zusammenhang von Menschenwürde und freiheitlicher Demokratie *P. Häberle*, in: HdbStR II³, 2004, § 22 Rn. 61 ff., zur menschen- und bürgerorientierten Volkssouveränität Rn. 65 f.
[167] Dazu *K. Stern*, in: N. Achterberg ua (Hrsg.), FS f. H. U. Scupin, 1983, S. 627 ff.
[168] *H. Hofmann*, AöR 118 (1993), S. 353 (370).
[169] *H. Hofmann*, AöR 118 (1993), S. 353 (369).

c) Dualistisches Konzept der Nation: Kultur- und Volksnation und republikanische Staatsbürgernation

Wir alle wissen um die Friktionen, die sich im menschenrechtlich fundierten Verfassungsstaat daraus ergeben, dass de facto nicht alle Herrschaftsunterworfenen auch politische Teilhaberechte besitzen. Ein republikanisches Verständnis des Konzepts der Nation als ‚Staatsbürgernation' hat aber maßgeblich dazu beigetragen, dass diese Problematik mittlerweile stark entschärft worden ist.

Wie ich an anderer Stelle dargelegt habe, ist das Grundgesetz durch ein dualistisches Konzept der Nation gekennzeichnet:[170] In Art. 116 Abs. 1 GG ist das Konzept der Volks- und Kulturnation verankert; es hat vor dem Hintergrund des in der damaligen Präambel des Grundgesetzes angesichts der Teilung Deutschlands verankerten Wiedervereinigungsgebots sowie der Notwendigkeit, Millionen von Flüchtlingen und Vertriebenen deutscher Volkszugehörigkeit zu integrieren, auch eine wichtige Funktion erfüllt. Daneben findet sich, basierend auf der erwähnten republikanischen Fundierung von Menschenwürde und Volkssouveränität, aber auch das Konzept der Staatsbürgernation. Danach konstituiert sich die Nation in einem fortlaufenden Prozess gemeinsamer politischer Praxis immer wieder neu und ist auch offener für die Aufnahme ‚neuer Mitglieder' als das Konzept der Volksnation, was wiederum Auswirkungen auf das Staatsangehörigkeitsrecht hat.[171] Durch Gesetz vom 15.7.1999 wurde

---

[170] Dazu *A. Siehr*, Die Deutschenrechte des Grundgesetzes, 2001, S. 233 ff., s. zum Folg. auch S. 239 ff.

[171] Siehe *A. Siehr*, in: Herdegen ua (Hrsg.), VerfassungsR-HdB, 2021, § 9 Rn. 69 f., 86 f.

das Reichs- und Staatsangehörigkeitsgesetzes (RuStAG) von 1913 reformiert, dessen Name dabei auch in Staatsangehörigkeitsgesetz (StAG) geändert wurde. Weitere Änderungen folgten, sodass wir inzwischen über ein modernes und weltoffenes Staatsangehörigkeitsrecht verfügen.[172] Dies verdeutlicht, dass ein ‚republikanisches' Verfassungsverständnis durchaus praktische Auswirkungen hat.

d) Republikanische Rekonstruktion (urbanen) Grundeigentums in öffentlicher Hand

Die praktische Relevanz eines republikanischen Denkansatzes wird aber auch an anderer Stelle deutlich: Wie ich in meiner Schrift zum Recht am Öffentlichen Raum verdeutlicht habe, führt eine republikanische Lesart des Eigentums an Grund und Boden in öffentlicher Hand, namentlich des urbanen Straßenraums, dazu, dass das Recht der öffentlichen Sachen rechtsdogmatisch ganz anders zu konstruieren ist.[173] Der urbane öffentliche Raum ist in seinen vielfältigen Funktionen, insbesondere auch als

---

[172] Dazu *A. Siehr*, in: Herdegen ua (Hrsg.), VerfassungsR-HdB, 2021, § 9 Rn. 94 ff., zu Hintergrund und Vorgeschichte aaO, Rn. 85 ff. Zuletzt wurde durch Ges. v. 22. März 2024 (BGBl. I Nr. 104 v. 26.03.2024) eine Modernisierung des Staatsangehörigkeitsrechts (StARModG) beschlossen, der den Zugang zur deutschen Staatsangehörigkeit nochmals erleichtert, ua wurden die Anforderungen für den Erwerb der deutschen Staatsbürgerschaft auf einen rechtmäßigen Voraufenthalt von fünf Jahren – bei Hochqualifizierten auf drei Jahre – gesenkt und Mehrstaatigkeit wird nun allgemein akzeptiert. Das StARModG ist am 27. Juni 2024 in weiten Teilen in Kraft getreten.

[173] Siehe dazu im Einzelnen *A. Siehr*, Das Recht am öffentlichen Raum, 2016, S. 545 ff. zu einer Bestandsaufnahme, S. 571 ff. zum neuen Ansatz, zusammenfassend S. 583 ff.

Raum der Freiheit, als Ort des kulturellen Gedächtnisses eines Gemeinwesens und nicht zuletzt als Kommunikations- und Versammlungsraum, für die Demokratie unverzichtbar. In einer demokratisch-freiheitlichen Ordnung ‚gehört' sein materielles Substrat in einem untechnischen Sinne allen Bürgerinnen und Bürgern, ist mithin Bestandteil der *res publica* und damit ganz im Wortsinne ‚Sache' des Volkes. Rechtsdogmatisch lässt sich dies durch eine Trennung von Nutzungseigentum und Verfügungsbefugnis umsetzen: Während das Nutzungseigentum den Bürgerinnen und Bürgern zusteht, liegt die Verfügungsbefugnis in öffentlicher Hand. Da diese die Verfügungsbefugnis aber nur treuhänderisch ausübt, besteht eine Rechtfertigungspflicht, wenn eine begehrte Nutzung verweigert wird.[174] Dabei ist die Rechtfertigungslast höher, wenn bspw. die Ausübung der Versammlungsfreiheit versagt werden soll, als wenn es um Betätigungen im Rahmen der allgemeinen Handlungsfreiheit geht. Auf diese Weise wird die räumliche Dimension von Freiheitsbetätigungen im öffentlichen Raum abgesichert.[175] Zugleich wird damit aber auch eine Brücke zu *Hannah Arendts* republikanischem Modell des öffentlichen Raums und der Agora geschlagen, aber eben nicht allein philosophisch, sondern auch ganz praktisch mit rechtsdogmatischen Auswirkungen.

---

[174] Siehe *A. Siehr*, Das Recht am öffentlichen Raum, 2016, S. 524, 543, 572, 584, 675 u. *pass.*

[175] Dazu *A. Siehr*, Das Recht am öffentlichen Raum, 2016, S. 435, 530 f., 542 f., 583, 658, 671 u. *pass.*

VI. Fazit

Es ist damit festzuhalten, dass ein über die bloße Verneinung der Monarchie hinausgehendes Verständnis des Republikprinzips verfassungsrechtliche Gehalte sichtbar macht und Zwischentöne erfasst, die sich allein durch das Demokratie- und Rechtsstaatsprinzip nicht abbilden lassen. Es eröffnet andere Perspektiven und ermöglicht damit neue Interpretationsansätze, die sich zumindest für das Grundgesetz durchaus als fruchtbar erwiesen haben. Blickt man auf den von *Armin von Bogdandy* propagierten EU-Republikanismus, so stellt man fest, dass dieser sich auf der republikanisch-rechtsstaatlichen Traditionslinie sehr eindrucksvoll entfaltet und Art. 2 EUV hier in der Tat einen guten Anknüpfungspunkt bietet. Gleichzeitig muss man jedoch konzedieren, dass das republikanisch-demokratische Moment dort eher schwach ausgeprägt ist.

Dies ist aber kein Defizit, sondern entspricht schlicht der Natur der Europäischen Union als supranationalem Verfassungsverbund, der auch von der republikanischen Tradition seiner Mitgliedstaaten lebt. Die supranationale und die mitgliedstaatliche Ebene stehen hier sowohl in einer Wechselbeziehung als auch in einem Ergänzungsverhältnis. Es wäre sicherlich lohnend, das Zusammenwirken dieser unterschiedlichen Ebenen näher zu erforschen und dabei auch – so im jeweiligen Mitgliedstaat vorhanden – die Länderebene und die kommunale Ebene mit einzubeziehen. Zugleich müsste man auch die unterschiedlichen republikanischen Traditionen in den einzelnen Mitgliedstaaten noch einmal näher beleuchten. Gerade in der Vielgestaltigkeit liegt der Reiz: Das Grundgesetz zeigt ungeachtet des sehr zurückhaltenden Einsatzes direktdemokratischer Instrumente in so wichtigen Bereichen wie der Staatsfundamentalnorm des Art. 1 Abs. 1 GG republikanische Webmuster. In einigen anderen EU-Mitgliedstaaten kommen hingegen mehr direktdemokratische Instrumente zum Einsatz. Es wäre interessant zu sehen, welches Gesamtbild sich im Hinblick auf den – mit *Armin von Bogdandy* als unabgeschlossenen Prozess zu verstehenden[176] – EU-Republikanismus ergibt, ob er auf eine „europäische Republik der Republiken" (*Rolf Gröschner*)[177] zusteuert oder ob das Bild noch facettenreicher ist und wie sich insbesondere das Zusammenspiel der verschiedenen Ebenen darstellt. Unabhängig davon dürfte es sich aber in jedem Fall lohnen, dass freiheitliche republikanische Erbe auf allen Ebenen weiter zu pflegen!

---

[176] *A. v. Bogdandy*, Renaissance des Republikanismus, in diesem Band, S. 5 f., 23 ff.; s. oben im Text bei Fn. 12.
[177] *R. Gröschner*, in: HdbStR II³, 2004, § 23 Rn. 75.

Republikanismus und Rechtswissenschaft

Ein Kommentar zu Armin von Bogdandy

*Patrick Hilbert**

I. Der prekäre Mehrwert positiver Republikanismusbegriffe 163
II. Republikanische Rechtswissenschaft? 167
   1. Institutionelles Problem 170
   2. Funktioneller Einwand 172
   3. Notwendige Differenzierungen 175
      a) Engagement in der Praxis 176
      b) Wissenschaftliches Publizieren 177
      c) Ausbildungstätigkeit 178
      d) Engagement als public intellectual 179
      e) Fazit 180
   4. Hegung der Grenze zwischen Politik und Recht 181

Der Republikbegriff wird in der deutschen Rechtswissenschaft seit langem zwischen den Polen der weitgehenden Bedeutungslosigkeit als bloßer Gegenbegriff zur Monarchie und der Überfülle als Projektionsfläche für gute Wünsche zerrieben. Zieht man den Republikbegriff auf die europäische Ebene, besteht diese Gefahr fort, wird vielleicht sogar noch gesteigert.

In dieser Ausgangssituation führt uns Armin von Bogdandy vor, wie man die Europäische Union republika-

---
* Für Diskussionen zu und Kritik an früheren Fassungen danke ich *Jan Henrik Klement* und *Jochen Rauber* herzlich.

nisch denken kann. Man möchte sich von seinem Optimismus anstecken lassen, zumal er einer guten Sache verpflichtet ist. Hinzu kommt die entwicklungsgeschichtliche Seite. Die Von-Zu-Erzählung, die uns von Bogdandy präsentiert,[1] ist – unabhängig davon, wie man sie bewertet – nicht von der Hand zu weisen: Die Union ist kein Zweckverband und keine reine Wirtschaftsgemeinschaft mehr, weder rechtlich noch tatsächlich, sondern als Rechtsgemeinschaft[2] eine politische Union, mag auch die genaue Gestalt des Politischen unklar bzw. umstritten sein.[3] Die Union kann – und soll (Art. 1 Abs. 2 EUV) – sich zudem immer noch weiterentwickeln.

An diesem Punkt setzt der Referent mit seiner republikanischen Deutung der Union an. Was man unter „republikanisch" versteht – das betont von Bogdandy zu Recht – ist kontingent und nicht einmal konsensbedürftig, sondern Ergebnis einer Setzung.[4] Der Republikanismusbegriff, den von Bogdandy setzt, zeichnet sich durch zweierlei aus: Er ist zum einen ein positiver Begriff, der beschreibt, was Republikanismus sein soll und nicht nur negativ, was er nicht ist. Solche positiven Republikanismusbegriffe haben es an sich, dass sie ihren juristischen Mehrwert besonders begründen müssen (I.). Die zweite Besonderheit des Republikanismusbegriffs von Bogdandys ist, dass dessen normativer Status unklar

---

[1] *A. von Bogdandy*, Renaissance des Republikanismus, in diesem Band, insb. S. 29 ff.

[2] *A. Voßkuhle*, in: Kahl / Ludwigs (Hrsg.), HVwR III, 2022, § 59.

[3] Übersichtlich *W. Kahl / P. Hüther*, Der „Zweckverband" funktioneller Integration nach Hans Peter Ipsen, 2023, S. 113 ff., 125 ff.

[4] *A. von Bogdandy*, Renaissance des Republikanismus, in diesem Band, S. 7.

ist, was die Frage nach der Rolle der Rechtswissenschaft auf den Plan ruft (II.).

I. Der prekäre Mehrwert positiver Republikanismusbegriffe

Es ist in der deutschen Diskussion verbreitet, zwischen einem negativen und einem positiven Republikbegriff zu unterscheiden,[5] was auf Republikanismusbegriffe übertragbar ist (Republik bezeichnet ein als Republik verfasstes Gemeinwesen; Republikanismus die politische Theorie, die einer entsprechenden Qualifizierung zugrunde liegt). Die negativen Begriffe bestimmen „Republik" bzw. „Republikanismus" allein danach, was sie nicht sind: sie sind keine Monarchie.[6] (Das ist kein gering zu schätzender Beschreibungswert.) Die positiven Begriffe hingegen versuchen positiv zu fassen, was eine Republik bzw. Republikanismus ausmacht. Einen solchen (im doppelten Sinne) positiven Republikanismusbegriff entwickelt von Bogdandy. Sein Republikanismusbegriff ist dabei inhaltlich gehaltvoll: Er nimmt seinen Ausgangspunkt bei freien und gleichen Bürgerinnen und Bürgern, enthält die

---

[5] Unter der Diktion enger und weiter Begriff: *K. Hesse*, Grundzüge des Verfassungsrechts der Bundesrepublik Deutschland, 20. Aufl. 1995, Rn. 118 ff.; *W. Henke*, in: Isensee/Kirchhof (Hrsg.), HStR I, 1987, § 21 Rn. 7 ff.; unter der Diktion formaler und inhaltlicher Begriff: *E.-W. Böckenförde*, ebd., § 20 Rn. 95 f.; unter der Diktion formaler und materialer Begriff: *H. Dreier*, in: ders. (Hrsg.), GG, 3. Aufl. 2015, Art. 20 (Republik) Rn. 17 ff.
[6] Und auch sonst keine Regierungsgewalt aus eigenem Recht, siehe *K. Hesse*, Grundzüge des Verfassungsrechts der Bundesrepublik Deutschland, 20. Aufl. 1995, Rn. 118 f.

Gemeinwohlorientierung, betont das gewaltengliedernde Element, schätzt die Mobilisierung von Gegenstrukturen und hebt besonders die Solidarität als eigenständiges Merkmal hervor.[7]

Ob man alle diese oder manche Merkmale teilt,[8] ist an dieser Stelle nicht von Belang. Auf eine Folge des Inhaltsreichtums möchte ich aber hinweisen: Je inhaltsreicher ein Republikanismusbegriff ausgestaltet wird, umso größer wird die Begründungslast für seinen juristischen Mehrwert. Ein positiver Republikanismusbegriff kann nützliche Unterscheidungen einführen.[9] Allerdings kann man mit einem positiven Republikanismusbegriff einen Beschreibungsmehrwert nur erzielen, wenn man zeigen kann, dass man mit dem Republikanismusbegriff und dem ihm zugehörigen Republikbegriff mehr bzw. anderes erfassen kann, als andere, eingeführte Begriffe und normative Vorgaben – insbesondere Demokratie und Rechtsstaat (vgl. für die Union Art. 2 Satz 1 EUV, für Deutschland Art. 20 GG), in der EU auch die Solidarität (Art. 2 Satz 2 EUV, Präambel der GRCh, Art. 222 AEUV) – be-

---

[7] *A. von Bogdandy*, Renaissance des Republikanismus, in diesem Band, zu den Bürgerinnen: S. 13 f., zur Gemeinwohlorientierung: S. 14 f., zum gewaltengliedernden Element: S. 14, 40, 46 ff., zur Mobilisierung von Gegenstrukturen: S. 71, zur Solidarität: S. 16 ff.

[8] Siehe etwa weitgehend übereinstimmend zu den Bürgerinnen und Bürgern als Ausgangspunkt: *R. Gröschner*, in: Isensee/Kirchhof (Hrsg.), HStR II, 3. Aufl. 2004, § 23 Rn. 15; zur Gemeinwohlorientierung ebd., Rn. 11, 14, 41 f., 72, 75 u. ö.; *K. Nowrot*, Das Republikprinzip in der Rechtsordnungsgemeinschaft, 2014, S. 362 ff.; zur Gewaltenteilung *M. A. Wiegand*, Demokratie und Republik, 2017, S. 128 f.; zu den Gegenstrukturen und zur Solidarität *G. Frankenberg*, Die Verfassung der Republik, 1996, S. 132 ff., 150 ff.

[9] *A. von Bogdandy*, Renaissance des Republikanismus, in diesem Band, S. 12.

reits erfassen.[10] Andernfalls stellt sich die Frage, wofür man den Republikanismus- und Republikbegriff eigentlich braucht, zumal auf Ebene der EU die „Republik" in den Verträgen – außer als Namensbestandteil mancher Mitgliedstaaten – nicht erwähnt wird.

Vor diesem Hintergrund würde ein positiver Republikanismusbegriff vor allem von Abgrenzungen profitieren, die Bereiche und Phänomene exklusiv einem Begriff zuweisen. An einem konkreten Beispiel: Die seit jeher wechselhafte Verhältnisbestimmung von Republik und Demokratie[11] wird auch bei von Bogdandy nicht trennscharf vorgenommen.[12] Mitunter werden Republik und Demokratie in eins gesetzt, etwa wenn von Bogdandy meint, „ein progressiver Republikanismus" schnappe „an den Fersen etablierter demokratischer Praxen" und fordere „mehr Demokratie, insbesondere eine stärkere Invol-

---

[10] *H. Dreier*, in: ders. (Hrsg.), GG, 3. Aufl. 2015, Art. 20 (Republik) Rn. 21; teilweise anders *W. Henke*, in: Isensee/Kirchhof (Hrsg.), HStR I, 1987, § 21 Rn. 29. Vor diesem Hintergrund betont *R. Gröschner*, in: Isensee/Kirchhof (Hrsg.), HStR II, 3. Aufl. 2004, § 23 Rn. 44; *ders.*, in: ders./Lembcke (Hrsg.), Freistaatlichkeit, 2011, S. 293 (305 f.), das Amtsprinzip als Proprium eines eigenständigen Republikbegriffs.

[11] *W. Mager*, in: Geschichtliche Grundbegriffe, Bd. 5, 1984, S. 549 ff., hier insb. 595, 651; *M. A. Wiegand*, Demokratie und Republik, 2017; *A. Siehr*, Kommentar, in diesem Band, S. 91 (109 ff., 136 ff.).

[12] Der zustimmungswürdige Ausgangspunkt von Bogdandys ist, dass der Republikbegriff „mit demokratischer Verfassungsstaatlichkeit kompatibel" sein muss (in diesem Band, S. 11). Die Demokratie geht vor – in der Union schon deshalb, weil Art. 2 EUV sie erwähnt und die Republik nicht. Was mit der Demokratie nicht vereinbar ist, ist abzulehnen. Die Forderung nach „Kompatibilität" spannt allerdings ein weites Feld auf. Kompatibel ist die Identität genauso wie der Nichtwiderspruch, auch wenn sie jeweils sehr unterschiedlich sind.

vierung der Bürger".[13] Das klingt für mich so, als würden neue Beteiligungsformate – wie etwa die verschiedentlich erwähnte Konferenz zur Zukunft Europas – als republikanische Praxis bewertet, die zu mehr Demokratie führe. Letzteres ist aber nicht der Fall. Wenn Demokratie freie und gleiche Selbstbestimmung heißt, setzt sie die gleiche Möglichkeit der freien Entscheidungsbeeinflussung in formalisierten Verfahren voraus.[14] Eine solche ist bei gelosten Gremien ebenso wenig gegeben wie bei der bloßen

---

[13] *A. von Bogdandy*, Renaissance des Republikanismus, in diesem Band, S. 10, siehe auch S. 57: „Stachel im trägen Fleisch westlicher Demokratien". An anderer Stelle hingegen bringt von Bogdandy den Republikbegriff *gegen* das klassische Demokratieverständnis in Stellung, nämlich wenn er eine republikanische „Autorisierung politischer Macht" dadurch zu begründen versucht, dass Unionsorgane ihr hoheitliches Handeln „im Lichte des Art. 2 EUV rechtfertigen", d. h. seine Übereinstimmung mit den in Art. 2 EUV niedergelegten Werten begründen können. Solch ein Hoheitsakt soll dann „wie ein Akt der Selbstbestimmung" bewertet werden und damit legitime Herrschaftsgewalt sein (S. 56 ff., Zitate: S. 56, 59, 60). Dass die Begründbarkeit von Entscheidungen mit demokratischer, d. h. freier und gleicher Selbstbestimmung nichts zu tun hat, legt von Bogdandy zwar ausdrücklich offen (S. 60 f.). Die von ihm vorgeschlagene Fiktion („wie ein Akt der Selbstbestimmung") bewirkt aber eine Gleichsetzung von republikanischer Autorisierung und demokratischer Legitimierung (was nicht dasselbe ist, auch wenn es bei von Bogdandy nicht scharf getrennt wird), durch die der Primat der Demokratie – der mir eigentlich auch von Bogdandys Ausgangspunkt zu sein schien (S. 8) – verloren geht.

[14] *C. Möllers*, Demokratie – Zumutungen und Versprechen, 2008, Nr. 31 f.; vgl. auch *H. Heller*, Politische Demokratie und soziale Homogenität (1928), in: ders., Gesammelte Schriften, Bd. II, 2. Aufl. 1992, S. 421 (426); selbst deliberative Ansätze erkennen die Notwendigkeit rechtlich geregelter, auf gleiche Teilhabemöglichkeit angelegter Verfahren an, siehe nur *J. Habermas*, Faktizität und Geltung, 1992, S. 209 f., 363 f., 397 f.: „Schleusen demokratischer Verfahren".

Möglichkeit, seine Meinung in bestimmten Foren ohne Entscheidungsbefugnisse schlicht kund zu tun.[15] Nun gibt es verschiedene Demokratiekonzeptionen, mit denen man das anders sehen kann.[16] Darum soll es hier nicht weiter gehen. Mir geht es darum, dass man Bürgerräte nicht als demokratische Praxis anerkennen muss, um sie – auch verfassungsrechtlich – wertzuschätzen. Und dabei kann ein positiver Republikanismusbegriff helfen, indem er Bürgerräte als exklusive republikanische Praxis erfasst. Damit erhielten Republikanismus- und Republikbegriff einen eigenständigen Mehrwert.

II. Republikanische Rechtswissenschaft?

Die genannten Herausforderungen treffen jeden positiven Republikanismusbegriff. Eine echte Besonderheit des Republikanismusbegriffs, den von Bogdandy uns präsentiert hat, ist deshalb das zweite Merkmal: Der normative Status des Republikanismusbegriffs changiert bzw. – anders formuliert – von Bogdandy arbeitet mit dem Republikanismusbegriff in unterschiedlichen Kontexten oder genauer: mit unterschiedlichen Republikanismusbegriffen, die sich als Homonyme ausnehmen. Für von Bogdandy ist der Republikanismus zum einen ein Rechtsprinzip oder ein

---

[15] Kehrseitig sind solche Gremien auch nicht legitimationsbedürftig, solange sie keine Entscheidungsbefugnisse haben, vgl. *F. Weber*, JöR 71 (2023), 259 (262f., 265); a.A. *V. Böhm/J. Kersten*, DÖV 2023, 361 (365f.).
[16] Vgl. speziell zur Konferenz zur Zukunft Europas *A. Alemanno*, European Law Journal 26 (2022), 484ff.; *N. Grosche*, ZG 2022, 16 (28ff.).

Bündel von Rechtsprinzipien, das er dem Primärrecht entnimmt.[17] Insoweit hat der Republikanismusbegriff Rechtsqualität. Zum anderen ist der Republikanismus für von Bogdandy aber auch eine wissenschaftliche sowie letztlich auch politische Zielvorstellung,[18] also ein normativer Begriff ohne Rechtsqualität. Ob der Begriff auch deskriptiv für das Vorhandensein einer republikanischen Gesellschaft in der Union verwendet wird, bleibt hingegen im Vagen.[19]

Diese unterschiedlichen Republikanismusbegriffe, die von Bogdandy verwendet, eint, dass er sie alle als Wissenschaftler und mit wissenschaftlichem Anspruch verwendet. Insoweit bleibt von Bogdandy seiner wissenschaftstheoretischen Linie treu. Die (richtige) Rolle der

---

[17] *A. von Bogdandy*, Renaissance des Republikanismus, in diesem Band, S. 29 ff., 82 ff.

[18] *A. von Bogdandy*, Renaissance des Republikanismus, in diesem Band, S. 68 f.: „[…] beschäftigt heute die Frage nach einem europäischen Republikanismus nicht nur die politische Theorie, sondern dient juristischer Interpretation und rechtswissenschaftlicher Rekonstruktion".

[19] Zwar schreibt *A. von Bogdandy*, Renaissance des Republikanismus, in diesem Band, S. 33 f., Art. 2 EUV treffe eine Feststellung, dass es eine europäische Gesellschaft gebe. Das taugt allerdings nicht als tatsächliche Beschreibung, denn das Recht ist präskriptiv, nicht deskriptiv, weshalb davon auszugehen ist, dass auch von Bogdandy diese „verfassungsrechtliche Aussage" nicht deskriptiv wenden will. An anderer Stelle formuliert er zurückhaltend (S. 57): „Die meisten Unionsbürgerinnen und Unionsbürger nehmen sich nicht als ein europäisches ‚Wir' wahr"; vgl. auch *dens.*, Strukturwandel des öffentlichen Rechts, 2022, S. 160, 167: „Niemand wird behaupten, dass der Strukturwandel zu einer europäischen Bürgergesellschaft vollzogen ist." (S. 167). Die Frage, „ob man die heutige Europäische Union als Republik qualifizieren sollte", lässt er ausdrücklich offen, *ders.*, Renaissance des Republikanismus, in diesem Band, S. 6.

Rechtswissenschaftlerinnen sieht er darin, eine Renaissance des europäischen Republikanismus mit voranzutreiben.[20] Sein offengelegtes und gelebtes Rechtswissenschaftsverständnis ist ein transformatives,[21] bei dem die Rechtswissenschaftlerinnen dogmatisch, praktisch und in der Ausbildung engagiert auf ein als richtig erkanntes Ziel hinwirken. Wenn das Ziel europäischer Republikanismus lautet, könnte man auch von einer republikanischen Rechtswissenschaft sprechen.

Ein solcher engagierter Ansatz, vielleicht sollte man präziser sagen: solche engagierten Ansätze, sind nach meiner Einschätzung im Vordringen. Umso mehr bietet es sich an, auf zwei – zwar nicht abschließende,[22] aber m.E. bedeutsame – damit verbundene Probleme hinzuweisen, die als solche nicht vollständig neu sind, aber gerade wegen der Renaissance solcher Ansätze nicht in Vergessenheit geraten sollten.

---

[20] *A. von Bogdandy*, Renaissance des Republikanismus, in diesem Band, S. 62 f., 82 ff.
[21] *A. von Bogdandy*, Strukturwandel des öffentlichen Rechts, 2022, S. 423 ff., 458 ff.: „Es geht also um mein Verständnis einer holistischen, rekonstruktiven und transformativen Wissenschaft des europäischen öffentlichen Rechts, die mit ihrer spezifischen Vernunft das demokratische Projekt des Art. 2 EUV voranbringt." (S. 424).
[22] Ein weiteres Problem ist die alte Kritik der Entgrenzung der Verfassungsinhalte, wenn man ihr Wertentscheidungen beilegt, die juristisch kaum handhabbar sind, vgl. hier nur konzise *E.-W. Böckenförde*, Geschichtliche Entwicklung und Bedeutungswandel der Verfassung (1983/1991), in: ders., Staat, Verfassung, Demokratie, 1991, S. 29 (50 ff.) m.w.N. Zuzugestehen ist freilich, dass Art. 2 EUV wegen seines Wortlauts besonders zum Wertdenken einlädt.

1. Institutionelles Problem

Das erste Problem ist ein institutionelles. Denn die engagierte Rolle kann sich institutionell gegen die Wissenschaft wenden. Zumindest droht diese Gefahr, wenn Rechtswissenschaftler für ihre Zwecke bestimmten Rechtsnormen einen „überschießenden normativen Gehalt"[23] beimessen, der auf den Rest des Rechts übergreife. Genau dies ist einer der Ansätze von Bogdandys: Ein republikanisch verstandener „Kern des europäischen Verfassungsrechts" (namentlich Art. 1, Art. 2 und Art. 3 Abs. 1 EUV) soll auf das übrige Unionsrecht und insbesondere auch die übrigen Vertragsbestimmungen „ausstrahlen", was heißt, sie sollen in seinem Sinne – hier: republikanisch – ausgelegt werden.[24] Die Frage, ob eine solche interne Stufung der Verträge bzw. ihrer Inhalte methodisch sauber plausibel zu machen ist, soll hier dahinstehen.[25] Erinnern möchte ich vielmehr an die Probleme einer solchen Ausstrahlungswirkung, mit der wir in Deutschland ja reichlich Erfahrung haben und die – bei aller gebotenen Rücksicht auf die unterschiedlichen Kontexte[26] – auch auf die Union

---

[23] A. von Bogdandy, Renaissance des Republikanismus, in diesem Band, S. 85.

[24] A. von Bogdandy, Renaissance des Republikanismus, in diesem Band, S. 83.

[25] Nicht ausreichend ist meines Erachtens der Hinweis auf die Konkretisierung. Natürlich konkretisiert die in Art. 10 EUV beschriebene repräsentative Demokratie den Wert der Demokratie aus Art. 2 EUV (in diesem Band, S. 85); inwiefern aber Art. 2 EUV Hinweise für die Auslegung von Art. 10 EUV entnommen werden können, bleibt mehr als fraglich.

[26] A. von Bogdandy, in: Festschrift P. Badura, 2004, S. 1033 (1042 f.).

übertragbar sind.[27] Die Erfahrungen haben gezeigt, dass – jedenfalls unter den Bedingungen einer gerichtlichen Kontrolle – von der Ausstrahlungswirkung institutionell allein die Gerichte profitieren, vor allem das höchste (Verfassungs-)Gericht.[28] Die anderen politischen Institutionen verlieren, weil unter einer vom Gericht übernommenen Ausstrahlungswirkung jede politische Sachauseinandersetzung jederzeit juridifiziert werden kann, d. h. in eine argumentative Logik überführt wird, in der Richterinnen das letzte Wort haben.[29] Aber auch die Wissenschaft kann verlieren,[30] gerade eine engagierte. Denn wenn ihr Ansatz auf Übernahme durch die Praxis angelegt ist, muss sie den EuGH vor allem als Durchsetzungswerkzeug ihrer Ideen begreifen, was dazu führt, dass sie an Distanz zu diesem verliert. Dabei ist es doch gerade eine gewisse Distanz, die

---

[27] Am Beispiel der Grundrechte *J. H. Klement*, Wettbewerbsfreiheit, 2015, S. 294 ff.

[28] Statt anderer schon klassisch *E.-W. Böckenförde*, Zur Lage der Grundrechtsdogmatik nach 40 Jahren Grundgesetz, o. J. (1990), S. 60 ff. Voraussetzung ist natürlich, dass die Gerichte den Ansatz übernehmen. Die Entscheidungen des EuGH, Urt. v. 16.2.2022, Rs. C-156/21, Ungarn/EP und Rat, ECLI:EU:C:2022:97, Rn. 128 f.; Urt. v. 16.2.2022, Rs. C-157/21, Polen/EP und Rat, ECLI:EU:C:2022:98, Rn. 146 f., deuten in diese Richtung und werden von *A. von Bogdandy*, Renaissance des Republikanismus, in diesem Band, S. 38, auch so gelesen.

[29] Das Tor zum EuGH ist zwar nicht ganz so weit geöffnet wie das zum BVerfG, aber auch nicht gerade fest verschlossen, zumal der EuGH in der Vergangenheit nicht davor zurückgeschreckt ist, auch eine ungeschriebene Klagebefugnis anzunehmen: EuGH, Urt. v. 23.4.1986, Rs. 294/83, Les Verts/Parlament, ECLI:EU:C:1986:166, Rn. 23 ff.

[30] Hier sind Parallelisierungen mit der deutschen Entwicklung mit mehr Vorsicht zu genießen.

die Rechtswissenschaft von der Rechtspraxis abhebt, auch weil erst Distanz sachliche Kritik ermöglicht.[31]

2. Funktioneller Einwand

Der zweite Einwand ist ein funktioneller. Wenn juristische Operationen – und nichts anderes sind juristische Auslegungen, die zu übergreifenden Prinzipien führen, und sich daran anschließende andere Auslegungen, die sich an diesen Prinzipien orientieren – engagiert eingesetzt werden, um ein für gut erkanntes Ergebnis – hier: einen europäischen Republikanismus – zu befördern, wird die Grenze zwischen Recht und Politik, zwischen juristischer und politischer Rationalität aufgelöst und werden damit ihre spezifischen Leistungspotentiale geschwächt. Fälle der Ausstrahlungswirkung sind ein besonders anschaulicher, aber keineswegs der einzige Fall dieser Problematik.

Dem Konzept einer engagierten Rechtswissenschaft, das von Bogdandys Plädoyer für eine Renaissance eines europäischen Republikanismus trägt, ist ein politischer Impetus eigen. Die engagierte Einstellung wird ja – wie erwähnt – nicht verborgen.[32] Damit geht notgedrungen ein politisches Moment einher, das sich auch im Sprachgebrauch zeigt. Nur zwei Beispiele: Erstens verlangt nach von Bogdandy eine „Renaissance des Republikanismus", dass das „geltende Recht [...] auch trans-

---

[31] *P. Hilbert*, Systemdenken in Verwaltungsrecht und Verwaltungsrechtswissenschaft, 2015, S. 142 f. m. w. N. Siehe auch *Wissenschaftsrat*, Perspektiven der Rechtswissenschaft in Deutschland, Drs. 12, S. 56, 61.
[32] Siehe nochmals oben bei und mit Fn. 20, 21.

zendiert" wird.[33] Und zweitens wird Art. 2 EUV bei von Bogdandy zu einem „republikanischen Manifest",[34] eine Formulierung, über die ich gestolpert bin. Mir waren zwar verschiedene, mehr oder weniger treffende Namen für besonders wichtige Rechtsnormen geläufig, etwa Zentralnorm, Grundnorm etc. „Manifest" hingegen habe ich immer dem künstlerischen oder eben politischen Bereich zugeordnet.[35] Nun kann man Verfassungen stärker rechtlich oder stärker politisch deuten.[36] Im zweiten Fall mag die Bezeichnung als „Manifest" passend sein. Entscheidend ist aber, dass die weitere Behandlung der Verfassung zu ihrer Deutung passen muss, m.a.W.: politische Verfassungen (oder Verfassungsvorschriften) sind politisch zu behandeln, rechtliche Verfassungen (oder Verfassungsvorschriften) juristisch. Wenn man hier über Kreuz gerät, handelt man sich Probleme ein. Und diese Probleme sehe ich, wenn man einen politisch wahrgenommenen Art. 2 EUV im Wesentlichen juristisch-dogmatisch behandelt, wozu eben auch gehört, ihn als Auslegungsmaxime zu deuten. Dann vermischen sich Recht und Politik in einer Weise, die beiden nicht gut tut.[37] Zwar sind Recht und

---

[33] *A. von Bogdandy*, Renaissance des Republikanismus, in diesem Band, S. 5.
[34] *A. von Bogdandy*, Renaissance des Republikanismus, in diesem Band, S. 29 ff. 37 ff. 83; im Vortrag war von einem „Manifest aus Rechtsprinzipien" die Rede.
[35] Vgl. auch *J. Klatt / R. Lorenz*, Politische Manifeste. Randnotizen der Geschichte oder Wegbereiter sozialen Wandels?, in: dies. (Hrsg.), Manifeste. Geschichte und Gegenwart des politischen Appells, 2010, S. 7 ff.
[36] *C. Möllers*, in: Das entgrenze Gericht, 2011, S. 281 (312); vgl. auch *C. Bumke*, Verfassungsstaat und Verfassung, 2023, S. 79 ff.; *M. Loughlin*, King's Law Journal 30 (2019), 5 ff.
[37] Vgl. auch *U. Haltern*, JöR 68 (2020), 440 (444 f.).

Politik nicht aseptisch voneinander geschieden.[38] Gerade im Bereich der Verfassung – und ich stimme mit von Bogdandy völlig überein, dass das Primärrecht Funktionen einer Verfassung übernimmt und halte im Übrigen den Streit um seinen „Verfassungscharakter" heute für überbewertet – sind Politik und Recht miteinander verschränkt oder, wie im Anschluss an Luhmann gerne gesagt wird, gekoppelt,[39] wodurch ihre Distanz aber gerade nicht aufgegeben werden soll.[40] Wird aus distanzwahrender Koppelung eine Vermischung, führt dies zu einer Entwertung des politischen *und* des juristischen Diskurses. Denn die Vermischung von Politik und Recht führt zu einem Verlust der je spezifischen juristischen und politischen Rationalität. Mit der spezifischen Rationalität meine ich die eingeführten und anerkannten Argumentationsweisen in juristischen und politischen Kontexten. Diese werden bei einer Vermischung unterminiert. Denn wenn die Diskussion politischer Sachfragen durch eine ausgreifende juristische Interpretation juridifiziert wird, werden politische Sachargumente entwertet oder gar bedeutungslos. Kehrseitig werden die Teilnehmerinnen einer politischen Sachdiskussion im Fall einer Juridifizierung gezwungen, ihrerseits „juristische" Argumente vorzubringen, d. h. aus den Verträgen heraus zu argumentieren, was juristischen Laien indes nur mit Einschränkung gelingen kann. Wenn aber jedermann „juristisch" zu argumentieren versucht bzw. es auch im (eigentlich) politischen Diskurs versuchen muss, weil nur noch solche Argumente der Form

---

[38] Zum unauflöslichen Zusammenhang klassisch *D. Grimm*, JuS 1969, 501 ff.

[39] *N. Luhmann*, Das Recht der Gesellschaft, 1993, S. 468 ff.

[40] *C. Möllers*, in: Das entgrenze Gericht, 2011, S. 281 (309 ff.).

nach gehört werden, droht damit notgedrungen eine Verflachung der juristischen Argumente. Denn dass Laien eine juristische Diskussion auf demselben Niveau wie ausgebildete Juristinnen führen können, ist im Großen und Ganzen nicht der Fall.[41] Ausgeschlossen werden sollen sie aus diesen Diskussionen aber eben auch nicht.

Die weitgehende Vermischung von Recht und Politik führt m.a.W. dazu, dass politische Argumente entwertet sowie juristische Argumente zunächst überbewertet werden und dann der „juristische" Diskurs aufgrund von Verflachung ebenfalls entwertet wird.

3. Notwendige Differenzierungen

Heißt das, Rechtswissenschaftlerinnen sollen sich nicht für die von ihnen als „gut" erkannten Ziele, etwa eine europäische Republik, einsetzen? Mitnichten. Eine Rechtswissenschaft, die sich auf Normenkunde und gelegentliche rechtspolitische Interventionen in Gestalt von Leitartikeln und Musterentwürfen beschränkt, bleibt hinter ihren Möglichkeiten zurück.[42] Die Frage ist nur, *wie* Rechtswissenschaftlerinnen für die von ihnen als richtig erkannte Sache eintreten sollten. Hier sind m. E. Differenzierungen nötig, um die oben angesprochenen Probleme zu vermeiden und dadurch zugleich die Wirksamkeit des eigenen Handelns nicht zu gefährden.

---

[41] *M. Hailbronner*, Der Staat 53 (2014), 425 ff., hier insb. 429 f., 435 ff.

[42] In diesem Ausgangspunkt stimme ich mit *A. von Bogdandy*, Strukturwandel des öffentlichen Rechts, 2022, S. 443, überein. Siehe auch weitergehend, *A. Somek / E. Paar*, European Law Open 2 (2023), 484 ff., insb. 499 ff.

Ich stimme mit von Bogdandy überein, dass Rechtswissenschaftlerinnen verschiedene Tätigkeitsfelder eröffnet sind, neben der genuin wissenschaftlichen Publikationstätigkeit vor allem das Engagement in der Ausbildung und die Übernahme praktischer Tätigkeiten als Beraterin oder Entscheidungsträgerin.[43] Nur meine ich, dass man zwischen diesen Rollen differenzieren muss.[44] Und jeder Rolle kommt eine eigene Form und ein eigenes Maß an möglichem Engagement zu.

a) Engagement in der Praxis

Weitreichend können die Möglichkeiten des politischen Engagements bei Ausflügen in die Praxis sein, wobei es natürlich Abstufungen gibt. Wer auf die Seite der Politik wechselt,[45] soll gerade Politik betreiben, das ist dann die (neue) Tätigkeit. Und selbst bei der juristischen Tätigkeit als Rechtsberaterin für eine Seite kann man sich – wie es Advokaten eben eigen ist – weitgehend strategisch äußern, das ist nur rollenadäquat und muss nicht eigens betont werden. Leitbild der juristischen Arbeit ist dann nicht mehr die Wahrheitssuche, sondern der Erfolg in

---

[43] *A. von Bogdandy*, Renaissance des Republikanismus, in diesem Band, S. 76 f.; *ders.*, Strukturwandel des öffentlichen Rechts, 2022, S. 424.

[44] Vgl. *P. Hilbert*, Systemdenken in Verwaltungsrecht und Verwaltungsrechtswissenschaft, 2015, S. 216 f. m. Fn. 165, 229 m. Fn. 227, siehe auch S. 142 f.

[45] Zu Beispielen *J. Kersten*, in: Cancik u.a. (Hrsg.), Streitsache Staat, 2022, S. 829 ff.; *A. Voßkuhle*, in: Schulze-Fielitz (Hrsg.), Staatsrechtslehre als Wissenschaft, Beiheft 7 zu Die Verwaltung (2007), S. 135 (144 f.); *P. Hüther*, Wissenschaft und Praxis im Verwaltungsrecht (1949–2020), 2023, S. 78 ff.

der Sache, bei der juristische (Auslegungs-)Operationen strategisch eingesetzt werden. Die Möglichkeiten zur legitimen strategisch-politischen Betätigung sind natürlich nicht bei allen praktischen Tätigkeiten gegeben. Eine Richterin etwa hat hierzu keine legitimen Freiräume. Weitere Differenzierungen nach Tätigkeitstyp sind also nötig,[46] aber zur Illustration mag das genügen.

b) Wissenschaftliches Publizieren

Eingeschränkter sind die Möglichkeiten bei der genuin wissenschaftlichen Tätigkeit in Form von Publikationen. Natürlich haben juristische Argumentationen, gleich ob dogmatische oder theoretische, Folgen, die auch politische Folgen sein können, so dass juristische und damit auch rechtswissenschaftliche Tätigkeit nie apolitisch ist. Und rechtswissenschaftliche Tätigkeit ist sicher nicht auf Fragen des positiven Rechts, d. h. Fragen der Rechtmäßigkeit, beschränkt, sondern kann sich auch andere Ziele setzen, etwa die Faktoren „guter" Institutionenarrangements zu ermitteln etc. Allerdings sollte bei rechts*wissenschaftlicher* Arbeit die politische Folgenbetrachtung nicht dergestalt im Mittelpunkt stehen, das politische Ziele das Movens der Arbeit sind. Weder darf man Rechtspolitik mit Rechtsinterpretation verwechseln,[47] noch sollte man seine Forschungsfragen politisch-strategisch designen. Mit anderen Worten: Rechtwissenschaftliche Tätigkeit darf nicht dem

---

[46] Vgl. zu ihnen *A. Voßkuhle*, in: Schulze-Fielitz (Hrsg.), Staatsrechtslehre als Wissenschaft, Beiheft 7 zu Die Verwaltung (2007), S. 135 (143 ff.).
[47] Wendung bei *O. Lepsius*, Der Staat 52 (2013), 157 (186).

(verdeckten Haupt-)Zweck dienen, politische Interessen durchzusetzen. Gerade bei der wissenschaftlichen Bearbeitung von Verfassungsrecht (auch des europäischen) geht das oft mit Beschränkungen einher.[48] Beispielsweise sollte man sich eingestehen, wenn bestimmte Normen eben nicht den Inhalt enthalten, den man sich politisch wünscht. Auch die Parteinahme für Wahlrechtsausgestaltungen, die der eigenen Partei besonders dienlich sind, wird unter wissenschaftlichen Gesichtspunkten besonders begründungsbedürftig. Schwierig wird es vor allem, wenn sich das Politische unbewusst einschleicht. Gerade bei der Arbeit mit Großbegriffen und großen Erzählungen kann dies passieren. Michael Stolleis hat in diesem Kreis 2016 bemerkt, dass in Leitbilder beinahe unausweichlich „politische Wünsche eingeflochten werden".[49] Das mahnt auch zur Zurückhaltung bei der Arbeit mit aus Rechtstexten abgeleiteten Leitbildern und ihnen folgenden Prinzipien.[50]

c) Ausbildungstätigkeit

Zwischen den Polen der praktischen und der wissenschaftlichen Tätigkeit liegt die Ausbildungstätigkeit. Sie eröffnet größere Spielräume der politischen Äußerung.

---

[48] Siehe auch *H. Schulze-Fielitz*, JöR 50 (2002), 1 (62 f.); *A. Voßkuhle*, in: Schulze-Fielitz (Hrsg.), Staatsrechtslehre als Wissenschaft, Beiheft 7 zu Die Verwaltung (2007), S. 135 (153 ff.).
[49] *M. Stolleis*, Verfassungs(ge)schichten, 2017, S. 41 f., dort bezogen auf verfassungsgeschichtlich begründete Leitbilder, aber ohne Weiteres übertragbar auf aus Rechtstexten begründete Leitbilder.
[50] Vgl. zum Zusammenhang von Leitbild und Prinzip *U. Volkmann*, Grundzüge einer Verfassungslehre der Bundesrepublik Deutschland, 2013, S. 148 ff.

Zwar mag es manchem vermeintlichen Traditionalisten ein Graus sein zu hören, man könnte sich im Hörsaal politisch äußern. Allein: Das haben alle immer schon getan, nur haben sie es entweder nicht zugegeben oder nicht gemerkt. Ein geläuterter Umgang mit dieser Einsicht könnte wie folgt aussehen: Die Vermittlung des Stoffs, des dogmatischen wie des theoretischen, muss zwar wissenschaftlich erfolgen, d.h. ohne strategische politische Absicht. Der Stoff sollte bei der Vermittlung seiner Kontexte aber politisch eingeordnet werden und er darf auch offen politisch bewertet werden (in Deutschland in den Grenzen des Art. 5 Abs. 3 Satz 2 GG), wobei „offen" heißt, dass der Rollenwechsel erkennbar wird. Ein ausdrückliches Caveat ist nicht zwingend nötig, Studierende sind als kritische Hörer ernst zu nehmen. Es reicht aus (ist aber auch nötig), dass deutlich wird, was rechtswissenschaftliche Arbeit und Stoffvermittlung und was politische Positionierung ist.[51] Die politische Positionierung ist eng verkoppelt mit einer – wenn man so will: republikanischen – doppelten Verantwortung.[52] Man kann und sollte am Katheder auf Fehlentwicklungen aufmerksam machen, muss aber auch für Widerspruch aus der Hörerschaft offen bleiben.

d) Engagement als public intellectual

Ein viertes Aufgabenfeld lässt sich ergänzen: das der politischen Bürgerin oder der public intellectual. Rechts-

---

[51] In seiner Reflexion über eben diese Problematik vorbildlich ein von *Günter Dürig* nach bestimmten Vorlesungen ausgegebener Fragebogen; auszugsweise wiedergegeben bei *P. Häberle*, in: G. Dürig, Gesammelte Schriften 1952–1983, 1984, S. 9 (13 Fn. 13).
[52] Vgl. auch *M. Stolleis*, Staatsrechtslehre und Politik, 1996, S. 24.

wissenschaftlerinnen können sich an eine breitere Öffentlichkeit wenden, in Tageszeitungen, Blogs etc. Insoweit gilt Ähnliches wie bei der Ausbildung: Die Vermittlung von rechtlichen Zusammenhängen sollte dogmatisch erfolgen. Politische Stellungnahmen müssen als solche offen erkennbar sein.[53] Das fordert in *diesem* Kontext auch von Bogdandy.[54] Im Ausgangspunkt ist deswegen kein Dissens markiert.

e) Fazit

Die genannten Unterscheidungen kann man in einem Satz zusammenfassen: Keine Camouflage politischer Stellungnahmen durch rechtswissenschaftliche Formen, insbesondere juristische Dogmatik, und mehr offene politische Stellungnahme in den dafür geeigneten Formaten.[55] Das dürfte als Ziel nicht kontrovers sein; die Einsicht konsequent durchzuhalten, ist indes keine leichte Aufgabe.

---

[53] Im Feuilleton wird schon aus dem Kontext deutlich, dass es sich nicht um genuin rechtswissenschaftliche Stellungnahmen handelt (*K. F. Gärditz*, BayVBl. 2017, 106 [107]). In Blogs ist die Lage weniger eindeutig, weil in ihnen mitunter rein dogmatisch argumentiert wird. Hier ist die Gefahr einer Vermischung also höher, vgl. auch *H. Birkenkötter*, in: Funke/Lachmayer (Hrsg.), Formate der Rechtswissenschaft, 2017, S. 117 (132 f.).

[54] *A. von Bogdandy*, Renaissance des Republikanismus, in diesem Band, S. 79.

[55] *M. Stolleis*, Staatsrechtslehre und Politik, 1996, S. 27; ähnlich *J. F. Lindner*, Rechtswissenschaft als Metaphysik 2017, S. 179 f., der indes die rechtswissenschaftlichen Äußerungsmöglichkeiten von Rechtswissenschaftlern zu eng versteht.

4. Hegung der Grenze zwischen Politik und Recht

Was lässt sich aus all dem folgern? Die mitunter undeutlichen Grenzlinien zwischen Politik und Recht müssen wir immer wieder verhandeln und uns so verdeutlichen – gerade weil sie nicht trennscharf sind.[56] Überschreitungen liegen nicht nur in der bewussten politischen Äußerung, sondern können sich auch über die Arbeit mit Verfassungsnormen einschleichen, die man inhaltlich zu stark aufgeladen hat. Will man die Grenze hegen, erfordert das zum einen, Rollenwechsel erkennbar zu halten, und zum anderen ein gewisses scientific self restraint bei der Annahme überschießender normativer Gehalte des Rechts zugunsten klarer Konturen von rechtsdogmatischen Figuren.

Eine Rechtswissenschaft, die das jeden Tag aufs Neue zu beherzigen versucht, ist im besten Sinne republikanisch, weil sie es Rechtswissenschaftlerinnen durch die Grenzziehung ermöglicht, sich – neben ihrer rechtswissenschaftlichen Arbeit – offen und undogmatisch in das inhaltliche Ringen um die gemeinsame Sache mit allen Bürgerinnen einzubringen, ohne den politischen Diskurs in einen rechtswissenschaftlichen oder den rechtswissenschaftlichen in einen politischen zu verwandeln.

---

[56] M. Stolleis, Staatsrechtslehre und Politik, 1996, hier insb. S. 1; L. Münkler, in: Bryde/Nettesheim/Münkler, Wissenschaftliche Verfassungsrechtspolitik?, 2023, S. 73 (86 ff.).